SCHÄFFER
POESCHEL

Olaf Storbeck

Die Jahrhundertkrise

Über Finanzalchemisten, das Versagen der Notenbanken und John Maynard Keynes

2009
Schäffer-Poeschel Verlag Stuttgart

Bibliografische Information der Deutschen Nationalbibliothek
Die Deutsche Nationalbibliothek verzeichnet diese Publikation in der Deutschen Nationalbibliografie; detaillierte bibliografische Daten sind im Internet über <http://dnb.d-nb.de> abrufbar.

Gedruckt auf chlorfrei gebleichtem, säurefreiem und alterungsbeständigem Papier

ISBN 978-3-7910-2919-1

www.schaeffer-poeschel.de
info@schaeffer-poeschel.de

Einbandgestaltung: Melanie Frasch
Redaktionelle Bearbeitung: Jutta Scherer, JS textworks, München
Satz: Grafik-Design Fischer, Weimar
Druck und Bindung: C. H. Beck, Nördlingen

Printed in Germany
Oktober 2009

Schäffer-Poeschel Verlag Stuttgart
Ein Tochterunternehmen der Verlagsgruppe Handelsblatt

Vorwort

Wissen Sie noch, was Sie am 9. August 2007 gemacht haben? Ich war im Urlaub, in Südnorwegen, und der Tag ist mir noch sehr genau in Erinnerung. Weil der 9. August der Geburtstag meiner Frau ist. Dass jener 9. August 2007 in die Wirtschaftsgeschichte eingehen würde, weil die Finanzkrise ihren ersten Höhepunkt erreichte, wir ahnten es nicht.

Mit Fahrrad und Zelt waren wir seit 14 Tagen unterwegs, abgeschnitten von allen Nachrichten. Am Totak-See, den wir früh morgens passierten, war die Ruhe fast gespenstisch. Kein Auto auf der Straße, im glatten Wasser spiegelten sich eins zu eins die Berge am Ufer. Leichter Morgennebel, strahlender Sonnenschein und absolute Windstille. Ein fast zu perfektes Fotomotiv.

Erst eine Woche später fiel uns eine deutsche Zeitung in die Hand. Und wir konnten kaum glauben, was wir dort lasen: Die grundsolide Mittelstandsbank IKB vor der Pleite? Chaos auf den weltweiten Finanzmärkten? Milliardenschwere Rettungsaktionen der Notenbanken?

Und all das sollte erst der Anfang sein. Am 9. August 2007 begann, was sich zur tiefsten Finanz- und Wirtschaftskrise seit der Großen Depression entwickeln sollte. Eine Jahrhundertkrise, die 50 Billionen US-Dollar an Anlagevermögen vernichtet hat – die weltweite Wirtschaftsleistung eines Jahres.

Dieses Buch soll helfen, das Finanzchaos zu verstehen. Wie konnte es dazu kommen? Was läuft im Kampf gegen die Krise richtig, was läuft falsch? Und welche Lehren muss die Menschheit aus dem Desaster ziehen? Diese Fragen versucht dieses Buch zu beantworten – auf der Basis wissenschaftlicher Forschung. Die hier präsentierten Gedanken basieren auf Erkenntnissen aus renommierten Universitäten und Denkfabriken. Die meisten sind in Fachzeitschriften oder als wissenschaftliche Arbeitspapiere erschienen, sie existieren quasi unter Ausschluss der Öffentlichkeit. Dieses Buch will sie einem breiteren Publikum zugänglich machen.

Zwar ist die Volkswirtschaftslehre – zum Teil zu Recht, wie im letzten Kapitel beschrieben wird – durch die Jahrhundertkrise in die Kritik geraten. Doch wer die Probleme verstehen will und wer Auswege erkennen will, kommt nicht an der »dismal science« vorbei. Ohne sie erginge es uns in ökonomischen Fragen so wie beim Wetter: Jahrhunderthochwasser und Jahrhundertstürme kämen im Abstand von wenigen Jahren vor – und nicht nur einmal pro Jahrhundert.

Düsseldorf, im August 2009 *Olaf Storbeck*

Danksagung

Ich bin einer Reihe von Menschen, die mich auf vielfältige Art und Weise bei der Arbeit an diesem Buch unterstützt haben, zu tiefem Dank verpflichtet.

Allen voran meiner Frau Katharina Slodczyk, die den nicht immer einfachen Entstehungsprozess des Manuskripts hautnah miterlebte und mit zahlreichen inhaltlichen wie stilistischen Verbesserungsvorschlägen begleitete.

Frank Katzenmayer vom Schäffer-Poeschel Verlag danke ich für die Begeisterung, mit der er die anfangs eher vage Idee für dieses Buch aufgriff. Jutta Scherer von JS textworks danke ich für ein geduldiges und genaues Lektorat, insbesondere für zahlreiche entscheidende Vorschläge zur Verbesserung von Struktur und Aufbau des Textes.

Hans Peter Grüner, Carmen Fürst-Grüner, Justus Haucap, Tobias Moerschen und Reinhard Oechtering lieferten zahlreiche hilfreiche Kommentare und Verbesserungsvorschläge zum Manuskript. Eine Londoner Investmentbankerin, die anonym bleiben muss, verschaffte mir ungeschminkte Einblicke in die Arbeitswelt der Finanzindustrie. Wichtige Teile des Abschnitts über die deutsche Bankenkrise von 1931 basieren auf dem Handelsblatt-Artikel »Die Lehren aus 1931« von Jörg Lichter. Von Michael Maisch stammt die zu Beginn des Schattenbank-Kapitels geschilderte Anekdote aus der Welt der Investmentbanken.

Ohne eine Vielzahl von Wissenschaftlern im In- und Ausland, die mit ihrer Forschung die verschiedenen Aspekte der Krise ausgeleuchtet haben, würde es dieses Buch nicht geben. Besonders danke ich all jenen Ökonomen, die mir in Gesprächen und per E-Mail meine Fragen beantwortet und mir wichtige Denkanstöße geliefert haben.

Dem Chefredakteur des Handelsblatts, Bernd Ziesemer, danke ich für seine Überzeugungskraft, mit der er mich Anfang 2005 für seine Vision gewann, eine Wissenschaftsseite über Forschung aus der Volks- und Betriebswirtschaftslehre zu konzipieren. Ohne jenes Projekt würde es dieses Buch nicht geben.

Inhaltsverzeichnis

Teil I:
Die Ursachen – Ein hoch explosives Gemisch

Über einfache Erklärungen – und richtige

»Alles lässt sich in drei Sätzen zusammenfassen – auch die Bibel«, lautet eine alte zynische Grundregel des Boulevard-Journalismus. Sie stimmt oft, aber nicht immer. In der Finanz- und Wirtschaftskrise stößt sie an ihre Grenzen.

Auch wenn viele echte oder vermeintliche Experten das ungern wahrhaben möchten: Es gibt nicht die eine, glasklare Erklärung für das Desaster, das die Welt seit dem Sommer 2007 und noch mehr seit dem Herbst 2008 aus den Fugen gebracht hat. Die vielen griffigen, fernsehtauglichen Erklärungen, die im Angebot sind, enthalten zwar meist ein Körnchen Wahrheit – aber mehr auch nicht.

In der öffentlichen Diskussion wird die Gier als Kernursache des Desasters gehandelt. Manager und Banker hätten den Hals nicht voll bekommen und seien viel zu große Risiken eingegangen. Dieser Erklärungsansatz ist ungefähr so richtig wie der Versuch, einen durch Raser im Nebel verursachten Massenunfall auf der Autobahn mit dem menschlichen Mobilitätsdrang zu erklären: Natürlich würde es ohne Mobilitätsdrang keine Unfälle auf der Autobahn geben. Als alleinige Erklärung für eine konkrete Massenkarambolage aber wäre sie viel zu unspezifisch – und damit nichtssagend.

Problematisch ist das Gier-Argument noch aus einem anderen Grunde: Viele Kapitalismus-Kritiker, die es anführen, meinen in Wirklichkeit das menschliche Gewinnstreben an sich. Doch der Wunsch nach einem besseren Leben war in der Geschichte der Menschheit der zentrale Motor des Fortschritts. Ohne diesen Trieb »würden wir heute wahrscheinlich noch in Höhlen leben«, brachte es der einstige Grünen- und heutige CDU-Politiker Oswald Metzger auf den Punkt. Wer ernsthaft versuchen wollte, dem Menschen sein Gewinnstreben auszutreiben, müsste eine »sozialistische« Wirtschaft nach DDR-Vorbild einführen. Dieses System aber ist wirtschaftlich, politisch und moralisch so kolossal gescheitert, dass unsere heutige Krise im Vergleich dazu wie ein Schluckauf der Geschichte erscheint.

Auch Wissenschaftler erliegen der Versuchung, zu einfache Erklärungen zu liefern. So machen konservative Ökonomen gern die laxe Geldpolitik der Notenbanken für die Probleme verantwortlich. Doch diese Sicht greift zu kurz. Ebenso wie die von ordnungspolitisch argumentierenden Wissenschaftlern vertretene These, die Haftungsbeschränkungen bei Banken und Managern seien an allem schuld. Beide Faktoren können zwar einzelne Aspekte des Geschehens erklären – nicht aber das Gesamtbild.

Wer die richtigen Schlüsse aus dem ziehen will, was die Welt seit Sommer 2007 erlebt, muss die Ursachen verstehen. Und die sind vor allem eines: komplex. Was wir seit August 2007 auf den Finanzmärkten erleben, ist die Folge eines brisanten Gemischs aus vielen verschiedenen Zutaten. Mindestens zwei Arten von Ursachen, die auf unterschiedlichen Ebenen liegen, gilt es dabei zu unterscheiden:

Erstens haben mehrere langfristig wirkende Phänomene in den vergangenen 25 bis 30 Jahren die Voraussetzung für die Krise geschaffen. Diese erste Gruppe von eher indirekt wirkenden Faktoren liegt auf gesamtwirtschaftlicher Ebene. Es handelt sich um »makroökonomische Ursachen«.

Zweitens sind in den zehn Jahren vor Ausbruch der Krise im August 2007 eine Reihe von konkreten Fehlentwicklungen und Irrtümern in mehreren Bereichen der Wirtschaft zusammengekommen, die die Krise konkret verursacht haben. Diese direkten Ursachen liegen größtenteils auf der Ebene einzelner Unternehmen und Akteure und werden daher »mikroökonomische Faktoren« genannt.

Erst das Zusammenspiel von indirekten und direkten Ursachen hat die Welt ins Chaos geführt. In den folgenden Kapiteln dieses ersten Teils werden sie ausführlich beschrieben; an dieser Stelle nur ein kurzer Überblick.

Die wichtigsten *indirekten Ursachen*, die den makroökonomischen Rahmen für die Krise bilden, sind:

Blinde Marktgläubigkeit: Nach den schlechten Erfahrungen mit hohem Staatseinfluss in den 60er- und 70er-Jahren hatte sich vor allem in den USA in wichtigen Bereichen der Geld-, Wirtschafts- und Finanzpolitik eine ultraliberale Geisteshaltung etabliert. Aus der richtigen Erkenntnis, dass der Markt in den meisten Fällen die besten Ergebnisse liefert, zogen liberale Ökonomen – allen voran Milton Friedman – den falschen Schluss, dies sei immer und auf allen Märkten der Fall. Der blinde Glaube an die Selbstheilungskräfte des Marktes führte vor allem auf dem Finanzmarkt zu einer laxen staatlichen Regulierung.

Ein trügerisches Gefühl der Sicherheit: Ab etwa Mitte der 80er-Jahre erlebten die Industrieländer eine zweieinhalb Jahrzehnte andauernde, historisch außergewöhnliche Periode wirtschaftlicher Stabilität. Sie hat Politiker, Wissenschaftler und Finanzmarkt-Akteure gleichermaßen eingelullt, ihnen ein Gefühl trügerischer Sicherheit vermittelt und sie leichtsinnig werden lassen.

Die weltweite Jagd nach Rendite: In der zweiten Hälfte der 90er-Jahre ist die weltweite Ersparnis massiv gestiegen, ohne dass die lukrativen Anlageprojekte im gleichen Ausmaß zunahmen. Dadurch entstand ein Überangebot an Kapital, das die Langfristzinsen drückte. Dies wiederum löste bei den Anlegern eine regelrechte Jagd nach Rendite aus.

Zu billiges Geld: Aus Angst vor einer Deflation hielt die US-Notenbank Federal Reserve die Leitzinsen nach der Jahrtausendwende mehrere Jahre lang deutlich niedriger, als es angesichts der Konjunkturlage normalerweise geboten gewesen wäre. Das billige Geld heizte den Boom auf den Finanz- und Immobilienmärkten an, weil es dadurch für Privatleute und Banken billiger wurde, Schulden zu machen und mit geliehenem Geld zu spekulieren.

Zu diesen indirekten Faktoren kam – vor allem seit der Jahrtausendwende – eine Reihe von Fehlentwicklungen auf dem amerikanischen Immobilienmarkt und in der weltweiten Finanzbranche. Diese *direkten Ursachen* der Finanzkrise sind:

Der irrationale Überschwang auf dem US-Immobilienmarkt: Seit der zweiten Hälfte der 90er-Jahre stiegen die Preise für Häuser und Grundstücke in den USA rasant. Niedrige Zinsen, steigende Bevölkerungszahlen und staatliche Subventionen für Hauskäufer waren eine Ursache für diesen Boom. Vor allem aber wurde er durch die kollektive Illusion angeheizt, Hauspreise würden in Zukunft immer weiter steigen. Die Spekulationsblase auf dem Immobilienmarkt trieb die gesamte Konjunktur, vor allem aber den Markt für innovative Finanzprodukte an, mit denen die Hypotheken an Eigenheimbesitzer finanziert wurden – und das fachte wiederum die Spekulation auf dem Immobilienmarkt weiter an.

Komplexe, neue und falsch bewertete Finanzprodukte: In den 90er-Jahren kamen neue Typen von Wertpapieren auf den

Markt. Investmentbanken schienen clevere Wege gefunden zu haben, riskante Einzelkredite in scheinbar sichere und trotzdem höchst renditeträchtige Wertpapiere zu verwandeln. Wegen der insgesamt niedrigen Zinsen investierten viele Banken gerne in diese Papiere. Die aber waren so komplex, dass selbst erfahrene Spezialisten die darin verborgenen Risiken nicht mehr richtig bewerten konnten. Anleger waren daher auf das Urteil der Rating-Agenturen angewiesen. Ihnen vertrauten sie blind – ebenso wie den überall an der Wall Street üblichen quantitativen Bewertungs- und Risikomodellen, auf denen diese Bewertungen basierten. Diese Modelle aber waren fehlerhaft und wurden mit ungeeigneten Daten gefüttert; als Folge spuckten sie viel zu optimistische Ergebnisse aus.

Das System der Schattenbanken: Das Vertrauen in die Selbstheilungskräfte des Marktes führte zu einer laxen Bankenaufsicht. Die Regulierer ließen zu, dass ein unreguliertes Schattenbank-System entstand. Die Banken gründeten Tochtergesellschaften und konnten so außerhalb ihrer Bilanzen große Risiken auftürmen. Lange verdienten die Geldinstitute gerade mit diesen Schattenbanken sehr viel Geld. Ab Sommer 2007 aber rissen diese Geschäfte das Weltfinanzsystem in die Tiefe. Weder die Eigentümer der Banken noch die Bankenaufseher verstanden bis zum Ausbruch der Krise, wie fragil das Finanzsystem durch die Schattenbanken wurde.

Neue Eigenkapital- und Bilanzierungsregeln für Banken: Erst wenige Jahre vor Ausbruch der Krise eingeführt, sollten diese das System sicherer und transparenter machen. Tatsächlich aber verstärkten sie seine Instabilität und lösten ab Sommer 2007 in der Bankenbranche eine Abwärtsspirale aus.

Falsche Anreizsysteme in der Finanzbranche: Vor allem für die Bezahlung von Bankern zählte ausschließlich der kurzfristige Erfolg. Große Teile des extrem üppigen Salärs von Investmentbankern wurden als Boni ausgezahlt, die sich an der Entwicklung des letzten Geschäftsjahrs orientierten. Das schuf für Banker enorme Anreize, höchst riskante Geschäfte einzugehen, die langfristig sehr gefährlich waren.

Keiner dieser Faktoren ist alleine für die Krise verantwortlich, einige verstärkten sich gegenseitig. So hätte es den US-Immobilienboom in dieser Extremform ohne die neuen Finanzprodukte nicht gegeben. Umgekehrt hätten die Finanzinnovationen ohne die lange steigenden Hauspreise nicht so sicher und rentabel ausgesehen, wie sie es bis ins Jahr 2007 hinein taten. »Letztlich ist es wie in Agatha Christies Roman, *Mord im Orientexpress*«, schreibt Rainer Hank, Wirtschaftschef der »Frankfurter Allgemeinen Sonntagszeitung«, in seinem Buch *»Der amerikanische Virus«*: »Es gibt nie nur einen Bösewicht.«

Miltons Krise

Ignatius von Loyola, der Gründer der Gesellschaft Jesu (kurz: Jesuiten), war einer der zentralen Protagonisten der Gegenreformation. Von ihm soll der Ausspruch stammen: »Ich glaube, dass das Weiße, das ich sehe, schwarz ist, wenn die hierarchische Kirche es so bestimmt.«

Der amerikanische Ökonom Milton Friedman ist eine Art Ignatius von Loyola der Ökonomie. Ab den 50er-Jahren führte der Professor aus Chicago, der 1976 den Nobelpreis erhielt, einen Kreuzzug für den freien Markt und gegen jede Form von staatlichem Einfluss in der Wirtschaft. Was für von Loyola die »hierarchische Kirche«, war für Friedman der ungebremste Kapitalismus. »Wäre die freie Marktwirtschaft nicht das effizienteste System, ich wollte sie trotzdem«, sagte er einmal, »wegen der Werte, die sie repräsentiert: Wahlfreiheit, Herausforderung, Risiko.«

Im November 2006 ist Milton Friedman im Alter von 94 Jahren gestorben – ein dreiviertel Jahr, bevor das Chaos an den Finanzmärkten seinen Lauf nahm. Die zweieinhalb Dekaden seit 1980 seien das »Zeitalter Milton Friedmans« gewesen, schreibt der Harvard-Ökonom Andrei Shleifer. Es mündete in der zweiten Weltwirtschaftskrise. Was die Welt seit Sommer 2007 erlebt, ist daher auch die Krise des Milton Friedman. Er und seine Anhänger waren es, die in der Gesellschaft das geistige Klima geschaffen haben, das diese Art von Krise überhaupt erst möglich machte. »Der Fall der Wall Street«, sagt der New Yorker Ökonomieprofessor und Nobelpreisträger Joseph Stiglitz, »ist für den Marktfundamentalismus das, was der Fall der Berliner Mauer für den Kommunismus war.«

Friedman war der Hohepriester des Marktfundamentalismus. Die Überzeugung, der freie Markt sei das Beste und jede Form des Staatseingriffs des Teufels, führte letztendlich ins Desaster. Friedman predigte den totalen Liberalismus, den blinden Glauben an die Stabilität und Selbstheilungskraft des ungezügelten Kapitalismus. »Wie die Jesuiten agierten Friedman und seine Gefolgsleute als eine disziplinierte Armee von Gläubigen«, schreibt der Princeton-Professor und Ökonomie-

Nobelpreisträger Paul Krugman, von dem der Vergleich zwischen Friedman und von Loyola stammt.

Friedman selbst war ein Kind der Großen Depression: Die Weltwirtschaftskrise, die 1929 ausbrach und bis Mitte der 30er-Jahre wütete, prägte ihn tief – nicht nur persönlich, sondern auch wissenschaftlich. Friedman stammte aus ärmlichen Verhältnissen, seine Eltern waren amerikanische Einwanderer aus Osteuropa. »Das Geld war knapp«, erinnerte sich Friedman später, »aber wir hatten immer genug zu essen.« Das Geld fürs College verdiente er sich mit Gelegenheitsjobs, seine erste feste Stelle hatte er mitten in der Krise Roosevelts »New Deal« zu verdanken – einem gigantischen Arbeitsbeschaffungsprogramm des Staates, das Friedman Jahrzehnte später heftig kritisieren sollte. »Der New Deal«, so witzelte er einmal, »war vielleicht schlecht für die Wirtschaft, aber ich persönlich habe sehr davon profitiert.«

Kapitalismus und Freiheit

Öffentlich bekannt machte den Professor 1962 ein 202 Seiten starkes Buch mit dem programmatischen Titel *»Capitalism and Freedom«*. Damals waren das die Thesen eines Außenseiters. In Öffentlichkeit, Politik und Wissenschaft waren die Erfahrungen aus der Großen Depression noch frisch: Nach der wirtschaftlichen Katastrophe der 30er-Jahre, die in den USA die Arbeitslosigkeit auf 25 Prozent getrieben und in Deutschland Hitler den Weg bereitet hatte, war das Vertrauen in die Stabilität des freien Marktes zerrüttet. Den ökonomischen Zeitgeist dominierten die Ideen von John Maynard Keynes: Ohne aktive Wirtschaftspolitik, so seine zentrale Botschaft, sei Vollbeschäftigung im Kapitalismus nicht zu erreichen; die freie, unregulierte Marktwirtschaft sei für Krisen wie die Große Depression anfällig.

Milton Friedman widersprach, und zwar lautstark. Sein Kernargument: Das Missmanagement des Staates und die seit Kriegsende massiv verstärkten staatlichen Eingriffe in die Marktmechanismen schafften erst die Probleme, die sie zu lösen vorgäben: schleppendes Wirtschaftswachstum, hohe

Inflation und hohe Arbeitslosigkeit. »Was wir dringend brauchen«, schrieb Friedman, »ist eine Rückführung des staatlichen Einflusses.« Er argumentierte pointiert, intellektuell brillant, ohne Angst vor Vereinfachung – und wurde ab den späten 60er-Jahren vom Außenseiter zum Vordenker, der ein neues, ultraliberales wirtschaftspolitisches Paradigma prägte. Jahrelang hatte er sogar eine eigene Fernsehsendung mit dem Titel *»Free to Choose«*. Wie kaum ein anderer Ökonom verstand er es, seine Positionen plakativ auf den Punkt zu bringen: »Würde man die Sahara unter staatliche Verwaltung stellen, wäre dort in fünf Jahren der Sand knapp.«

Und – Jahrhundertkrise hin oder her – in vielen Punkten hat Friedman ohne Frage Recht. Ohne die Marktwirtschaft hätte die Menschheit ihren heutigen Wohlstand nicht ansatzweise erreicht. Selbst die Friedman-kritischen US-Ökonomen George Akerlof und Robert Shiller schreiben in ihrem Buch *»Animal Spirits«*, heute habe der Durchschnittsbürger in den Industrieländern einen höheren Lebensstandard als die Könige im Mittelalter. Wir wohnen in besseren Häusern, haben viel bessere Schulen, Universitäten und Krankenhäuser und ernähren uns wesentlich gesünder. Und mehr Wohlstand heißt auch längst nicht nur mehr Geld: Ganz objektiv hat sich unsere Lebensqualität in den vergangenen Jahrzehnten massiv verbessert. Die Säuglingssterblichkeit ist geringer, die Lebenserwartung höher, die Arbeitszeit kürzer.

Wir sind nicht nur viel reicher als die Generation unserer Großeltern, wir müssen uns für unseren besseren Lebensstandard auch viel weniger anstrengen. Im Schnitt arbeitet ein Vollzeitbeschäftigter in Deutschland heute rund 1 400 Stunden pro Jahr – 1960 waren es noch über 2 000 Stunden. Wir haben also 600 Stunden pro Jahr mehr Zeit für unsere Familien, unsere Hobbys, uns selbst. Und dank des technischen Fortschritts ist die Arbeit für die meisten von uns heute körperlich weit weniger anstrengend, als sie es vor 50 oder 100 Jahren war.

Ohne die »unsichtbare Hand des Marktes« gäbe es diesen hohen Lebensstandard nicht. Die Geschichte zeigt eindeutig: Länder, die auf die Marktwirtschaft setzen, erreichen einen weit höheren Lebensstandard als solche, in denen der Staat die Wirtschaft lenkt. Das beste Beispiel dafür ist die Entwicklung in Deutschland nach dem zweiten Weltkrieg: »Ost- und Westdeutschland geben fast ein kontrolliertes wissenschaftliches Experiment ab. Hier leben Menschen gleicher Abstammung, gleicher Zivilisation, mit gleichen technischen Fertigkeiten und Kenntnissen, jedoch auseinandergerissen durch die Zufälle eines Krieges, mit radikal abweichenden Systemen – dort zentrale Steuerung und hier Marktwirtschaft.« Milton Friedman selbst schrieb diese Zeilen 1971. »Die Ergebnisse sind klar und eindeutig: Ostdeutschland, nicht Westdeutschland, musste eine Mauer bauen, um seine Bürger an der Abwanderung zu hindern. Auf jener Seite der Mauer Tyrannei und Elend; auf der anderen Freiheit und Überfluss.«

Dass die Marktwirtschaft der Planwirtschaft weit überlegen ist, stellt heute kaum jemand ernsthaft in Frage. Auf die Grundsatzfrage »Kapitalismus oder Sozialismus?« gab Friedman also ohne jeden Zweifel die richtige Antwort. Doch damit ist die Debatte längst nicht zu Ende, sondern fängt erst richtig an. Denn innerhalb des Kapitalismus sind die verschiedenen Spielarten mit mehr oder weniger ungehemmtem Markt, mehr oder weniger staatlichem Einfluss denkbar. Das Spektrum reicht vom schwedischen Wohlfahrtsstaat der 70er-Jahre über die deutsche »Soziale Marktwirtschaft« bis zum amerikanischen Kapitalismus.

Für Friedmans Geschmack hatten selbst in den Vereinigten Staaten die Marktkräfte zu wenig Freiraum. Er forderte den ungebremsten, den totalen Kapitalismus. Der Markt sei nicht nur meist, sondern immer die beste Lösung, so sein Credo. Ob Führerschein, Ärztezulassung oder das Verbot von Drogen, alles wollte er abschaffen. Jede Form von staatlicher Regulierung sei schlecht. Schließlich wisse jeder Einzelne doch selbst am besten, was gut für ihn sei.

Friedman, spottete der US-Ökonom Paul Samuelson vor Jahren, sei wie ein kleiner Junge, der zwar das Wort »banana« buchstabieren könne, aber nicht wisse, nach welcher Silbe er aufhören solle, und deshalb unaufhörlich weiter buchstabiere: »B-A-N-A-N-A-N-A-N-A-N-A ...« Auch Paul Krugman ist überzeugt, dass Friedman sein Eintreten für die freie Marktwirtschaft zu weit getrieben hat – vom Wissenschaftler habe er sich in einen Ideologen verwandelt. Grundsätzlich sei es ja richtig, dass das Spiel von Angebot und Nachfrage die besten Ergebnisse liefere, aber: »Friedman verstieg sich dahin zu behaupten, dass nur der Markt funktioniert und dass er immer funktioniert«, so Krugman. »Mit seinem Laisser-faire-Absolutismus hat er zu einem geistigen Klima beigetragen, in dem der Glaube an den Markt und die Verachtung für Regierungen oft die Fakten übertrumpfen.«

Markt ist nicht gleich Markt

Und Friedman hatte großen Einfluss: Er inspirierte die Politik von Ronald Reagan und Margaret Thatcher, seine Theorien prägten mehrere Generationen von Ökonomen. Fast überall auf der Welt setzte die Politik ab den 80er-Jahren auf den möglichst freien, unregulierten Markt, zog sich der Staat aus der Wirtschaft zurück und überließ das Feld dem freien Spiel von Angebot und Nachfrage. Geradezu blind vertraute die westliche Welt auf das, was Adam Smith 1776 als »unsichtbare Hand des Marktes« bezeichnete: auf die Stabilität des Kapitalismus.

Am Ende des 20. Jahrhunderts glaubten Wissenschaftler, Notenbanker und Politiker an die Effizienz, Stabilität und Selbstheilungskraft des Marktes mit einer Inbrunst, die im Nachhinein als hochgradig naiv erscheinen muss. So erklärte etwa der damalige US-Notenbankchef Alan Greenspan im Sommer 2005, mit dem Rückgang des Staatseinflusses auf die amerikanische Wirtschaft seit Ende der 70er-Jahre sei das Land weniger krisenanfällig geworden. »Höhere Flexibilität erlaubt es der Wirtschaft, sich automatisch an Schocks anzupassen. Dadurch reduziert sich die Abhängigkeit von Aktionen der Notenbanken und Wirtschaftspolitikern, die in der Vergangenheit oft zu spät kamen oder fehlgeleitet waren«, war Greenspan überzeugt.

Gerne schwärmte er davon, wie gut das »einfache, bewährte Prinzip, das Adam Smith 1776 formuliert hat« doch funktioniere: »Wenn Einzelpersonen uneingeschränkt miteinander handeln können und ihrem Eigennutz folgen, führt das zu einer wachsenden und stabilen Wirtschaft. Das theoretische Modell des perfekten Marktes funktioniert in der Praxis, wenn seine wichtigsten Voraussetzungen beachtet werden: Menschen müssen frei sein, ihren eigenen Interessen zu folgen, unbelastet von äußeren Schocks oder Wirtschaftspolitik.«

Aber: Was für Gütermärkte meist zutreffen mag, muss deshalb nicht unbedingt auch für Finanzmärkte gültig sein. Dass sich beide in vielerlei Hinsicht unterscheiden, davon sind auch liberale Ökonomen wie Jagdish Bhagwati von der New Yorker Columbia University überzeugt. »Der Finanzmarkt und der Gütermarkt, das sind zwei Paar Schuhe«, betont Bhagwati. In beiden Welten hätten Innovationen einen völlig anderen Charakter. »Auf dem Gütermarkt kann man davon ausgehen, dass Innovationen eigentlich immer für die Konsumenten und die Welt von Vorteil sind.« Dort funktioniere, was der Ökonom Joseph Schumpeter einst den Prozess der »kreativen Zerstörung« nannte: Einzelne Unternehmen verschwinden von der Bildfläche, weil Konkurrenten bessere Produkte anbieten. In der Finanzbranche sei das anders, so Bhagwati. »Dort sind Innovationen nicht per se gut. Sie können sogar destruktiv sein – auch deshalb, weil neue Finanzprodukte so kompliziert sind, dass sie kaum noch jemand versteht.«

Dieser Unterschied war bei Wirtschaftswissenschaftlern und Politikern aus dem Blick geraten. Wichtige Teile des Banken- und Finanzsektors unterlagen nur geringer oder gar keiner staatlichen Aufsicht. So gab es zum Beispiel für das Geschäft mit Hypothekenkrediten an die amerikanische Unterschicht, den inzwischen berühmt-berüchtigten »Subprime«-Krediten, so gut wie keine staatlichen Auflagen. Skrupellose Hypothekenbanken hatten freie Hand im Geschäft mit Menschen, die teilweise gerade einmal lesen und schreiben konnten – und nicht ansatzweise wussten, worauf sie in Geldfragen zu achten hatten. Systematisch wurden ihnen Kredite angedreht, die – für Fachleute auf den ersten Blick erkennbar – nicht zu ihrem Besten waren.

Die US-Notenbank Federal Reserve (Fed), die in den USA auch für die Bankenaufsicht zuständig ist, konnte oder wollte die Probleme nicht sehen. Ein klares, ja schockierendes Beispiel für die damalige Geisteshaltung der Fed lieferte die Zentralbank-Gouverneurin Susan Schmidt Bies im Oktober 2005. Bei ihrer Rede auf der Jahrestagung der »National Bankers Association« im kalifornischen Prominentenwohnort Beverly Hills sagte sie: »Weil die Hauspreise stark gestiegen sind, haben die Kreditverleiher verschiedene Wege beschritten, um ihren Kunden dabei zu helfen, sich die Häuser zu kaufen, die sie wollen.« Ausdrücklich nannte Bies »nicht-traditionelle, erschwingliche« Hypothekenkredite als Beispiel – eben diese haben aber inzwischen viele US-Bürger in den Ruin getrieben. Hypothekenbanken, die doch nur ihren Kunden helfen wollen: aus heutiger Sicht klingt uns dieser Satz unglaublich naiv in den Ohren. Oder unendlich zynisch.

Das goldene Vierteljahrhundert

1984: Richard von Weizsäcker wird erstmals zum Bundespräsidenten gewählt, die US-Komödie »Police Academy – Dümmer als die Polizei erlaubt« lockt fünf Millionen Deutsche in die Kinos. In Moskau stirbt der sowjetische Staats- und Parteichef Jurij Andropow, und US-Präsident Ronald Reagan scherzt bei einer Mikrofonprobe: »Die Bombardierung Russlands beginnt in fünf Minuten.«

Das wirtschaftlich wichtigste Ereignis des Jahres 1984 aber bleibt zunächst unbemerkt. Im Jahr, in dem Deutschland über das Waldsterben diskutiert und die Metallarbeiter für die 35-Stunden-Woche streiken, beginnt nichts weniger als eine neue makroökonomische Epoche: eine lange Ära wirtschaftlicher Stabilität, mit stetigem Wirtschaftswachstum und niedriger Inflation, rückläufiger Arbeitslosigkeit und steigenden Aktienkursen. Ein goldenes Zeitalter, wie es die Menschheit bis dato nicht erlebt hat. Seit Beginn der industriellen Revolution im 18. Jahrhundert war zwar der Lebensstandard in den Industrieländern rapide gestiegen, aber heftige Konjunkturschwankungen waren an der Tagesordnung: Auf Jahre des Booms folgten regelmäßig scharfe Einbrüche. Auch Inflation und Arbeitslosenquote schwankten stark.

Ab 1984 scheint das vorbei zu sein, zumindest in den höher entwickelten westlichen Industrienationen. In den ersten Jahren sind sich die Experten noch nicht sicher, ob es sich nur um einen Zufall handelt oder wirklich um einen neuen Trend. Aber das heftige Auf und Ab scheint tatsächlich der Vergangenheit anzugehören. Als auch nach eineinhalb Jahrzehnten das alte Konjunkturmuster noch nicht wieder zurückgekehrt ist, fangen Wirtschaftswissenschaftler an, von der »Great Moderation« zu sprechen – von der neuen Ära der »großen Mäßigung«.

Denn die Statistiken sprechen eine eindeutige Sprache: In den Vereinigten Staaten schwankt das Wirtschaftswachstum ab 1984 nur noch halb so stark wie in den vier Jahrzehnten zuvor. Die Ausschläge bei der Inflation sind sogar um etwa zwei Drittel geringer, zudem pendelt sich die Geldentwertung auf einem deutlich niedrigeren Niveau ein. Das

Gleiche gilt für die Arbeitslosenquote, die nur noch bei vier bis sechs Prozent liegt. Historisch einmalig gute Werte. Zwischen 1984 und 2007 erlebt die US-Wirtschaft nur zwei Rezessionen: 1991 und 2001. Beide erweisen sich im historischen Vergleich als ausgesprochen mild. Die Wirtschaft erholt sich jedes Mal schnell.

Nicht nur die Vereinigten Staaten kamen in den Genuss der neuen Stabilität – in 16 von 25 westlichen Industrieländern waren die Ausschläge beim realen Wirtschaftswachstum nur noch halb so groß wie vorher, stellte ein dreiköpfiges Forscherteam um Stephen Cecchetti, den Chefökonomen der Bank für Internationalen Zahlungsausgleich, 2006 fest. »In großen Teilen der Welt ist das Wachstum viel stabiler, als es früher war«, so ihr Fazit.

Die Frage nach der Ursache der »Great Moderation« entwickelte sich nach der Jahrtausendwende zu einem heftig umstrittenen Thema. Zahlreiche Wissenschaftler führten sie auf die IT- und Internet-Revolution zurück, die es den Unternehmen erlaubte, ihre Lagerhaltung zu optimieren, sodass die Wirtschaft nun schneller und besser auf Nachfrageschwankungen reagieren konnte. Andere meinten, die »Great Moderation« sei vor allem Glücksache, weil es nach 1984 einfach weniger ökonomische Schocks von außen gegeben habe als zuvor. So blieben beispielsweise die Ölpreisschocks der 70er-Jahre aus. Ein drittes Lager erklärte die neue Stabilität mit einer geschickteren Geldpolitik – die Notenbanken hätten es seit den 80er-Jahren besser verstanden, die Inflation im Zaum zu halten, und so ein günstigeres Umfeld für das Wirtschaftswachstum geschaffen.

Ein prominenter Vertreter dieser These heißt Ben Bernanke, heute Chef der US-Notenbank Federal Reserve. »Ich bin nicht davon überzeugt, dass der Rückgang der makroökonomischen Volatilität in den vergangenen zwei Jahrzehnten einfach nur Glücksache war«, sagte Bernanke 2004. Seit Ende der 70er-Jahre hätten sich die westlichen Notenbanken glaubwürdig dem Kampf gegen die Inflation verschrieben und – anders als vorher – eine berechenbare Politik verfolgt. Dadurch hätten sich die Inflationserwartungen der Menschen auf einem niedrigeren Niveau stabilisiert. Weil niemand mehr mit einer höheren Teuerungsrate rechnete, sei diese auch nicht eingetreten. Zuvor hätten die Notenbanken unstet gehandelt –

und nach Inflationssprüngen regelmäßig heftige Kurswechsel vollzogen. Diese alte Stop-and-go-Politik, so Bernanke, habe die Wirtschaft destabilisiert. »Geldpolitiker haben in den 70er-Jahren die hohen Inflationsraten beklagt, aber ihre eigene Mitverantwortung dafür nicht vollständig verstanden.«

Trügerische Sicherheit

Autofahrer in Ostdeutschland lebten nach dem Fall der Mauer gefährlich. Die Zahl der Unfälle und Verkehrstoten schoss mit dem Ende der DDR rasant in die Höhe. 1991 starben fast 3 300 Menschen auf ostdeutschen Straßen, mehr als doppelt so viele wie 1989. Noch Mitte der 90er-Jahre ereigneten sich in den neuen Bundesländern pro Einwohner doppelt so viele schwere Unfälle wie im Westen.

Eine höchst paradoxe Entwicklung, zumindest auf den ersten Blick. Schließlich waren die West-Autos, die in der Ex-DDR nach der Wende reißenden Absatz fanden, viel sicherer als die alten Trabis und Wartburgs. Und investierte Deutschland nicht auch Milliarden in Ausbau und Erneuerung der Straßen? Indes – Verkehrswissenschaftler haben eine einfache Erklärung für das Phänomen: Das Verhalten der Autofahrer änderte sich. Die Ex-DDR-Bürger fühlten sich in ihren schicken neuen Wagen und auf den plötzlich gut ausgebauten Straßen zu sicher und fuhren daher zu leichtsinnig.

Ähnliches beobachtete das amerikanische Institut für Fernstraßensicherheit, als in den USA erstmals Fahrzeuge mit Anti-Blockier-System (ABS) auf den Markt kamen. Die Behörde stellte fest: Autos mit ABS waren häufiger in tödliche Unfälle verwickelt als Fahrzeuge mit herkömmlichen Bremsen. Das Risiko, bei einem Unfall, an dem nur ein Auto beteiligt sei, ums Leben zu kommen, sei für Insassen eines ABS-Autos um 45 Prozent höher – so das Fazit einer 1996 veröffentlichten Studie. »Manche Fahrer glauben, sie könnten es sich leisten, mit ABS-Bremsen schneller zu fahren«, kommentierte ein Sprecher vom Mercedes-Benz die Ergebnisse damals.

Ganz ähnlich erging es während der »Great Moderation« den Akteuren auf den Finanzmärkten: Die trügerische Ruhe, die über zwei Jahrzehnte lang in den Industrieländern herrschte, ließ Investoren, Wissenschaftler und Politiker unvorsichtig werden.

Dass es einen engen Zusammenhang gibt zwischen unserer Risikoneigung und den subjektiven Erfahrungen, die wir in wirtschaftlichen Dingen machen, zeigt eine 2009 veröffentlichte Studie der Ökonomen Ulrike Malmendier (University of California, Berkeley) und Stefan Nagel (Stanford University). Am Beispiel der Anlageentscheidungen von Privatleuten machen die Forscher diesen Zusammenhang deutlich. Erfahrungen, die man in jungen Jahren gemacht hat, so stellen sie fest, brennen sich in unser Bewusstsein ein. Wer in jungen Jahren einen Börsenboom miterlebt hat, investiert noch lange danach deutlich mehr Geld in Aktien. Wer sich dagegen frühzeitig an der Börse die Finger verbrannt hat, agiert auch Jahrzehnte später deutlich zurückhaltender.

Echte Krisen, ernstzunehmende makroökonomische Risiken – so der Konsens bis 2007 – gab es vielleicht in Schwellen- und Entwicklungsländern. Die hoch entwickelten Staaten hingegen erschienen kugelsicher. Hatte die westliche Welt nicht seit den 80er-Jahren mühelos allen ökonomischen Widrigkeiten getrotzt? Sie hatte den Börsencrash des Jahres 1987 überstanden, die Asienkrise 1998, das Platzen der Spekulationsblase an den Weltbörsen nach der Jahrtausendwende, den Terrorschock des 11. Septembers 2001 und die ab 2003 drastisch gestiegenen Ölpreise. War die Wirtschaft in den Vereinigten Staaten und der Euro-Zone nicht widerstandsfähiger denn je? Standen nicht mit den Notenbanken, die eine Krise im Zweifel schnell mit Niedrigzinsen bekämpfen konnten, routinierte Not-Helfer bereit?

Die Wirtschaftswissenschaft, verkündete 2003 der Ökonomie-Nobelpreisträger Robert Lucas, Professor an der University of Chicago, habe das »zentrale Problem, wie eine Depression zu verhindern ist, im Grunde gelöst«. Und Alan Greenspan feierte noch 2007 in seiner Autobiografie die »neue Welt« mit ihrer »sichtbaren Stabilität«. Das Gefühl, dass makroökonomisch in den USA und Europa nicht mehr viel schiefgehen könne, machte Investoren leichtsinnig: Geschäfte, die in früheren, unsteten Zeiten als zu riskant gegolten hatten, wirkten plötzlich ungefährlich. Selbst hochkarätige Experten ließen sich vom Dauerhoch derart einlullen, dass sie die Risiken auf dem Finanzmarkt falsch einschätzten.

Minsky – der vergessene Prophet

In der »Great Moderation« ließen sich viele Menschen also auf waghalsige Spekulationsgeschäfte ein, deren Gefahren sie im Vorfeld nicht erkannten. Bis zum Börsencrash um die Jahrtausendwende suchten die meisten ihr Glück an den Aktienmärkten, danach wandten sie sich dem amerikanischen Immobilienmarkt zu.

Auch Banken und andere Finanzmarkt-Akteure wurden unvorsichtig und vergaben immer bereitwilliger Kredite – ein Muster, das der amerikanische Makroökonom Hyman P. Minsky (1996 verstorben) schon vor Jahrzehnten erkannt hat. Jeder Wirtschaftsaufschwung, so Minskys These, nährt unweigerlich seine eigene Krise; das Finanzsystem habe einen inhärenten Hang zur Instabilität. Doch Minsky war ein Außenseiter, seine Werke wurden kaum beachtet.

Ein zentrales Element in Minskys Argumentation spielt der »Sicherheitspuffer«, den Banken bei ihrer Kreditvergabe einbauen, um Fehler bei der Risikobeurteilung abzudecken: In einem länger anhaltenden Boom, so Minskys These, komme es zu einer schleichenden Erosion dieses Sicherheitspolsters, weil im Aufschwung weniger Unternehmen scheitern und daher Fehler bei der Beurteilung der Ausfallrisiken weniger ins Gewicht fallen. Das führe dazu, dass die Banken immer windigere Projekte finanzierten. Irgendwann sei das Polster so dünn, dass schon bei geringen wirtschaftlichen Schwierigkeiten Kredite platzten und Banken in Schieflage gerieten.

Nun unterscheidet sich der moderne Finanzmarkt zwar in vielen Details von dem, den Minsky kannte, doch aus der Vogelperspektive betrachtet passt seine Analyse gut auf die Jahrhundertkrise.

Die Ersparnisschwemme

Nachdem schon Marktgläubigkeit und trügerische Sicherheit die Vorsicht schwinden ließen, kam ab Mitte der 90er-Jahre ein weiterer Faktor hinzu: Weltweit stiegen die Ersparnisse drastisch an. So summierten sie sich 2001 laut der Bank für Internationalen Zahlungsausgleich auf rund 21,5 Prozent der globalen Wirtschaftsleistung – und kletterten bis 2007 auf 24,5 Prozent. Absolut betrachtet mag dieses Plus von drei Prozentpunkten nicht besonders groß erscheinen, relativ gesehen ist der Anstieg aber enorm: 2007 sparte die Menschheit fast 14 Prozent mehr als noch sechs Jahre zuvor. Der Zuwachs ist auch deshalb bemerkenswert, weil makroökonomische Größen wie die Sparquote normalerweise extrem träge sind und sich selbst über Jahrzehnte nur wenig ändern. Ökonomisch bedeutete der enorme Anstieg der Ersparnisse: Immer mehr Anleger waren auf der Jagd nach attraktiven Anlagemöglichkeiten.

Ein Großteil der zusätzlichen Sparmilliarden kam aus Asien. Es waren vor allem Staaten wie China, Korea und Thailand, die seit den späten 90er-Jahren massiv ihre Ersparnisse erhöhten. In China zum Beispiel sind die Ersparnisse zwischen 1995 und 2008 von 42 Prozent des Bruttoinlandsprodukts auf knapp 60 Prozent hochgeschnellt. Die asiatischen Staaten reagierten damit auf die zahlreichen regionalen Finanzkrisen der 90er-Jahre, die stets nach dem gleichen Muster verliefen: Boomende Schwellenländer verschuldeten sich im Ausland; die ausländischen Investoren verloren das Vertrauen in diese Staaten und zogen ihr Kapital ab; die Landeswährung kollabierte; die Aktienkurse brachen zusammen und die Arbeitslosigkeit schnellte nach oben. Besonders hart traf es 1997/98 eine Reihe asiatischer Schwellenstaaten wie Thailand, Indonesien und Korea, etwas später auch Russland und Brasilien.

Um solch eine Katastrophe nicht noch einmal zu erleben, sparten viele dieser Länder nach der Asienkrise deutlich mehr – und legten ihre Ersparnisse in ausländischen Wertpapieren an. So entstanden große Währungsreserven in Dollar, Euro und Yen, mit denen sich die Länder gegen mögliche Kapitalabflüsse schützen wollten – »Kriegskassen«, wie es US-Notenbankchef Ben Bernanke 2005 nannte. Er war einer der ersten Ökonomen, die auf dieses Phänomen hinwiesen. Im Jahr 2005 prägte Bernanke dafür den Ausdruck »Ersparnisschwemme« (englisch: »savings glut«). Er beschrieb den Prozess damals so: »Diese Länder erhöhen ihre Währungsreserven, indem sie sich bei ihren Bürgern im Inland verschulden und mit dem Geld US-Staatsanleihen und andere Wertpapiere kaufen.« Im Grunde, so Bernanke, würden die Regierungen der Schwellenländer agieren wie Finanzvermittler, die einheimische Ersparnisse auf die internationalen Kapitalmärkte umleiten.

Schlaues Leben auf Pump

Am liebsten investierten die Schwellenländer ihre Ersparnisse in den Vereinigten Staaten. Schließlich ist der US-Dollar bis heute die weltweite Leit- und Reservewährung Nummer eins. Außerdem genoss der amerikanische Finanzmarkt bis 2007 einen exzellenten Ruf: Er galt als besonders effizient, leistungsfähig und hoch entwickelt. Anfangs kauften die ausländischen Investoren neben Staatsanleihen vor allem Aktien; als aber die US-Börsen 2000 kollabierten, floss das Geld zunehmend in den US-Immobiliensektor.

Die Amerikaner waren dadurch über Jahre hinweg in einer komfortablen Situation: Sie konnten deutlich über ihre Verhältnisse leben. Sie konnten sich zu günstigen Konditionen im Ausland verschulden und viel mehr konsumieren, als sie sich eigentlich hätten leisten können. Ende 2007 beliefen sich die Auslandsschulden der Vereinigten Staaten unterm Strich auf 13,4 Billionen US-Dollar. Innerhalb von weniger als zehn Jahren hatten sie sich damit fast vervierfacht. Dieses geliehene Geld führte über Jahre zu einer wirtschaftlichen Scheinblüte in den Vereinigten Staaten. Rückblickend spricht die Bank für Internationalen Zahlungsausgleich von »schuldeninduziertem Wachstum«.

Doch diese massiven Ungleichgewichte waren lange Zeit auch im Interesse der Chinesen: Sie fanden in den USA dankbare Abnehmer für ihre Produkte und kauften mit den Dollars, die sie in den USA verdienten, amerikanische Staatsanleihen. Damit verhinderten sie, dass die chinesische Währung gegenüber der amerikanischen aufwertete, was Güter »Made in China« für Amerikaner teurer und damit schwerer verkaufbar gemacht hätte.

Die Kehrseite dieser Konstellation war das riesige Defizit in der US-Leistungsbilanz. 2006 war es auf fast sechs Prozent des Bruttoinlandsprodukts angeschwollen – ein gigantisches Loch von 788 Milliarden US-Dollar. Um es zu stopfen, mussten pro Tag unterm Strich über 2,2 Milliarden Dollar aus dem Ausland in die USA fließen.

Renditejagd bei den Anlegern…

Leider wuchsen die weltweiten Geldanlagemöglichkeiten längst nicht im gleichen Tempo wie die Ersparnisse. Lukrative Investments wurden knapp. Es entstand ein Überangebot an Kapital, das auf den Finanzmärkten massiv die Zinsen für langfristige Geldanlagen drückte. Konnte man in den 80er-Jahren mit zehnjährigen US-Staatsanleihen im Schnitt noch eine Rendite von real fünf Prozent pro Jahr verdienen, waren es zwischen 2000 und 2006 nur mickrige 1,9 Prozent. Ähnlich sah es bei traditionellen Unternehmensanleihen aus: In den 80er-Jahren verdienten Anleger, die Anleihen von Firmen mit bester Bonität kauften, pro Jahr real eine durchschnittliche Rendite in Höhe von 5,8 Prozent – nach der Jahrtausendwende waren es ganze 3,4 Prozent.

So kam es, dass die Ersparnisschwemme den Handlungsspielraum der Notenbank letztendlich spürbar einschränkte. Direkt können die Zentralbanken nur die kurzfristigen Zinsen in der Wirtschaft beeinflussen – für Investitionsentscheidungen der Unternehmen und den Verlauf der Konjunktur sind aber die langfristigen Zinsen entscheidend. In normalen Zeiten besteht zwischen beiden ein vergleichsweise enger Zusammenhang: Wenn die Zentralbank die Leitzinsen erhöht, steigen meist auch die langfristigen Zinsen an den Kapitalmärkten, zum Beispiel die Renditen von Staatsanleihen. Im Juni 2004 jedoch war dieses eherne Gesetz außer Kraft gesetzt: Die Fed hatte erstmals seit über vier Jahren die Leitzinsen und damit die kurzfristigen Zinsen erhöht – die langfristigen Zinsen aber waren nicht mit gestiegen, sondern sogar gefallen. »Das war eine Reaktion, die wir sonst nur ganz am Ende eines Zinserhöhungszyklus kannten«, schreibt Alan Greenspan in seiner Autobiografie.

Nach der Jahrtausendwende erreichten die Langfristzinsen in den USA ein historisch ungewöhnlich niedriges Niveau. Sie lagen viel tiefer, als die meisten Anleger es je erlebt hatten. Mit so armseligen Renditen wollten sich die Investoren nicht zufriedengeben. An den Finanzmärkten begann, was der britische Notenbankchef Mervyn King 2007 rückblickend die »Jagd nach Rendite« nennen sollte. Sie bereitete neuen Finanzprodukten den Weg, die weit höhere Erträge versprachen als klassische Geldanlagen und dabei so sicher erschienen wie Staatsanleihen.

»Der Wunsch nach hohen Renditen konnte mit den traditionellen Investitionsformen nicht befriedigt werden«, so King. »Das schuf eine Nachfrage nach neuen – und zwangsläufig risikoreicheren – Finanzinstrumenten sowie nach einer stärkeren Schuldenfinanzierung von Investitionen.«

... und Renditepanik bei den Banken

Den klassischen Banken machten die niedrigen langfristigen Realzinsen das Leben schwer. In ihrem Geschäft – Geld zu niedrigen Zinsen von Sparern leihen und zu höheren Zinsen weiterverleihen – ließen sich die gewohnten Margen nicht mehr so leicht verdienen. »Wenn die langfristigen Zinsen bei 4 bis 5 Prozent liegen und sich eine Bank zu Zinsen von 3 bis 4 Prozent refinanzieren muss, bleibt nicht mehr viel Puffer, um die eigenen Kosten und eine Rendite auf das eigene Kapital verdienen zu können«, erklärt der Bonner Ökonom Martin Hellwig, Direktor des Max Planck Instituts zur Erforschung von Gemeinschaftsgütern.

Ganz ähnlich argumentiert die Bank für Internationalen Zahlungsausgleich in ihrem Jahresbericht 2009: Die ungewöhnlich niedrigen Nominalzinsen hätten es Banken und Vermögensverwaltern schwieriger gemacht, die Renditen, die sie ihren Kunden versprochen hatten, zu erwirtschaften. Daher seien »die Finanzinstitute entsprechend höhere Risiken eingegangen, um ihre Rendite- und Gewinnvorgaben trotzdem erreichen zu können.«

In manchen Geldhäusern sei eine regelrechte Panik ausgebrochen, so Hellwig – vor allem bei den öffentlich-rechtlichen Landesbanken in Deutschland. Die hatten 2005 auf Druck der EU-Kommission die Staatsgarantie verloren. Weil früher per Gesetz vorgeschrieben war, dass der Staat im Fall der Fälle für die Verbindlichkeiten der Landesbanken aufzukommen hatte, hatten sie sich zu deutlich günstigeren Konditionen am Kapitalmarkt refinanzieren können. Ohne diesen künstlichen Wettbewerbsvorteil wurde deutlich, dass diese Institute kein tragfähiges Geschäftsmodell hatten.

Die Furcht, nicht mehr genug verdienen zu können, machte die Landesbanken unvorsichtig: Halb-private und öffentlich-rechtliche Banken in Deutschland, von der IKB über die Sachsen- und die Bayern LB bis zur HSH Nordbank, gehörten zu den begeisterten Käufern der Finanzprodukte, die sich später als Schrott herausstellen sollten. »Normalerweise werden Investment-Exzesse mit irrationalem Überschwang erklärt, zum Beispiel mit übertriebenem Optimismus«, so Martin Hellwig. »Man sollte aber nicht übersehen, dass Furcht eine genauso mächtige Motivation sein kann.«

Greenspans Präventivkrieg

»Alte Generäle«, sagt ein angelsächsisches Sprichwort, »bereiten sich immer darauf vor, den letzten Krieg noch einmal zu kämpfen.« Weil sie zu sehr auf die Vergangenheit fixiert seien, würden sie im Ernstfall böse überrascht.

Alte Notenbanker, das wissen wir heute, haben das gleiche Problem. Alan Greenspan, von 1987 bis 2006 Präsident der US-Notenbank Federal Reserve, war hartnäckig entschlossen, die katastrophalen Fehler anderer vor ihm zu vermeiden. Der Notenbank-Chef hatte nach der Jahrtausendwende eine ganz andere Krise befürchtet. Und die wollte er um jeden Preis verhindern. Die bittere Ironie der Geschichte: Genau aus diesem Grund verfolgte die Fed eine Geldpolitik, die sich als eine der Ursachen der Jahrhundertkrise entpuppen sollte.

Der »letzte Krieg« war für Alan Greenspan die Deflation in Japan. Die zweitgrößte Volkswirtschaft der Welt war Ende der 80er-Jahre nach einem massiven Aktien- und Immobilienboom in eine Dauerkrise gefallen. Über Jahre schrumpften Preisniveau, Konsum und Wirtschaftsleistung, die Arbeitslosigkeit stieg. Japan steckte in einer Abwärtsspirale, von der sich das Land bis heute nicht vollständig erholt hat.

Nach der Jahrtausendwende hatte sich auf den Fluren der Federal Reserve Bank in Washington – und nicht nur dort – der Eindruck verfestigt, dass es zwischen Japan und den Vereinigten Staaten viele beängstigende Parallelen gebe. Hatten nicht auch die USA einen massiven Börsenboom erlebt? Gab es nicht nach einem Investitionsrausch gewaltige Überkapazitäten im Land? Drohten nicht auch den Vereinigten Staaten Rezession und Deflation?

Das wäre ein Desaster. Gleich aus mehreren Gründen ist eine Deflation eine ausgewachsene wirtschaftliche Katastrophe – das hatten schon die schlimmen Erfahrungen aus der Großen Depression der frühen 30er-Jahre gezeigt. So gut es für Verbraucher ist, wenn einzelne Produkte billiger werden, so schlimm ist es, wenn das Preisniveau auf breiter Front dauerhaft fällt. Denn dann droht ein Teufelskreis: Für die Verbraucher ist es plötzlich attraktiv, große Anschaffungen in die Zukunft zu verschieben – in der Hoffnung, das neue Auto oder den neuen Kühlschrank dann noch günstiger zu bekommen. Für Unternehmen aber wird es teurer, Investitionen auf Pump zu finanzieren.

Diese wohl schlimmste Folge einer Deflation ist intuitiv nicht unmittelbar einleuchtend: Deflation drückt allen, die Kredite abbezahlen müssen, schleichend die Luft ab. In der Fachsprache der Ökonomen ausgedrückt: Wenn das gesamtwirtschaftliche Preisniveau stetig fällt, steigt die reale Last von Schulden. Am einfachsten kann man sich das vor Augen führen, wenn man sich das Gegenteil von Deflation vorstellt – eine Hyperinflation, wie sie Deutschland 1923 erlebte. Wer sich vorher Geld geliehen hatte, um ein Haus zu kaufen, konnte seine Schulden dank der galoppierenden Geldentwertung mit dem Gegenwert eines Brötchens zurückbezahlen. In der Deflation ist es umgekehrt: Wer sich Geld für ein Brötchen leiht, muss bei stark fallendem Preisniveau – überspitzt formuliert – später sein Haus hergeben, um die Schulden zurückzuzahlen.

Ein gespenstisches Szenario. Zumal die Erfahrungen Japans zeigten: Ist die Deflation erst einmal da, kommt fast jede Rettung zu spät. Die klassischen Waffen der Geldpolitik werden bei stetig fallenden Verbraucherpreisen stumpf. Mit niedrigeren Leitzinsen, dem Standardwerkzeug der Notenbanken im Kampf gegen Wirtschaftskrisen, kommt man in der Deflation nicht weiter.

Eine teure Versicherung gegen Deflation

Wie also konnte man im Vorfeld erkennen, ob eine Deflation droht? Und wie sollte die Notenbank reagieren? Diese Fragen waren es, die Alan Greenspan und seine Kollegen ab 2002 umtrieben.

Der riesige Forscherstab der Fed suchte nach einer Antwort. Detailliert analysierte eine Armada von Volkswirten, wie sich die Situation in Japan vor und während der Deflation entwickelt hatte, welche Frühindikatoren es gegeben hatte und wie die Bank of Japan die Misere vielleicht hätte abwenden können. Ihre Ergebnisse fassten die Wissenschaftler der Notenbank im Juni 2002 in einem umfangreichen Diskussionspapier zusammen. Die Studie mit dem programmatischen Titel »Preventing Deflation: Lessons from Japan's Experience in the 1990s« – geschrieben von nicht weniger als 13 Autoren – sollte zu einer Blaupause für die Geldpolitik der kommenden Jahre werden.

Mit Blick auf die Möglichkeit, eine Deflation im Vorfeld erkennen zu können, waren die Ergebnisse ziemlich ernüchternd. Die Fed-Ökonomen hatten festgestellt: In Japan hatte keiner im Vorhinein etwas geahnt. Weder die Notenbank-Ökonomen noch ihre Kollegen in der Privatwirtschaft, auch nicht die Finanzmärkte. Selbst im Nachhinein ließen sich aus den Wirtschaftsdaten, die vor dem Ausbruch der Krise bekannt waren, keine verlässlichen Indikatoren erkennen. »Deflationen können im Vorfeld extrem schwer zu prognostizieren sein«, schrieben die Fed-Ökonomen im Juni 2002. »Das ist eine Warnung für politische Entscheider, die in ähnlichen Situationen stecken.«

Daraus zogen die Notenbanker den Schluss: In Situationen, in denen aufgrund sinkender Inflationsraten und ohnehin niedriger Leitzinsen nicht mehr viel Puffer nach unten ist, kann sich die Notenbank offenbar nicht blind auf ihre Konjunkturprognosen verlassen. Und: Selbst, wenn eine Deflation nur sehr unwahrscheinlich erscheint, sollte die Geldpolitik lieber auf Nummer sicher gehen und eine Versicherung gegen die Krise abschließen – indem sie die Zinsen stärker senkt, als sie es normalerweise tun würde.

Denn das war die positive Nachricht der Fed-Studie von 2002: Hätte die Bank of Japan nach dem Platzen der Blase ab 1989 die Leitzinsen noch aggressiver gesenkt, hätte sie die Deflation abwenden können – so zumindest das Ergebnis der Modellrechnungen amerikanischer Forscher. Umgekehrt, auch das zeigten die Simulationen, schien das Fehlerrisiko kalkulierbar. Die Folgen wären zwar »unwillkommen«, aber kontrollierbar gewesen. Hätte die japanische Notenbank die Leitzinsen aus Sorge vor einer Deflation zu stark gesenkt, wäre die Inflation wohl zwei Jahre lang in die Höhe geschossen; die höhere Geldentwertung hätte aber von der Notenbank wieder eingefangen werden können. »Ein zu starker Stimulus kann später durch eine korrigierende Straffung der Geldpolitik zurückgenommen werden«, schrieben die Fed-Ökonomen im Juni 2002.

Die Forschung der Notenbank-Volkswirte empfahl also einen monetären Präventivkrieg gegen die Deflation. »In einer Situation, in der sich Inflation und Leitzinsen immer stärker der Nulllinie nähern, sollte die Geldpolitik nicht auf die wahrscheinlichsten Zukunftsszenarien reagieren, sondern auch auf die Abwärtsrisiken der Prognosen, vor allem das Deflationsrisiko«, formulierten sie. Mit anderen Worten: Bei niedrigen Zinsen und niedriger Inflation sollte die Geldpolitik besonders auf Nummer sicher gehen – ähnlich wie ein Segler, der auch bei guten Wetterprognosen darauf vorbereitet sein sollte, dass plötzlich und unerwartet das Wetter umschlägt und ein Sturm aufzieht.

Aus dieser Leitidee entwickelte sich ein neues Paradigma für Notenbanken. Alan Greenspan sollte dieses Konzept später als »Risikomanagement-Ansatz« der Geldpolitik bezeichnen. »Dabei bilden sich die Entscheidungsträger ein Urteil über die Wahrscheinlichkeiten sowie Kosten und Nutzen verschiedener möglicher Politikentscheidungen«, erklärte Greenspan im August 2005.

Die Fed zögerte nicht, die neuen Erkenntnisse umzusetzen: Um die amerikanische Wirtschaft gegen das Risiko der Deflation abzusichern, lockerte sie die Leitzinsen drastisch. Und das zu einer Zeit, in der diese ohnehin auf dem niedrigsten Stand seit vier Jahrzehnten lagen. Denn bereits nach den Terroranschlägen vom 11. September 2001 hatte die Fed den wichtigsten Leitzins, die »Federal Funds Rate«, innerhalb von drei Monaten von 3,50 auf 1,75 Prozent geprügelt.

Im November 2002, kein halbes Jahr nach der Veröffentlichung der »Preventing Deflation«-Studie, senkte sie die Leitzinsen abermals auf nur noch 1,25 Prozent. Doch selbst das erschien Greenspan als Anti-Deflationsversicherung noch nicht ausreichend: Im Juni 2003 reduzierte die Notenbank den Leitzins auf ein Prozent. »Der Offenmarktausschuss der Fed sah es damals als äußerst unwahrscheinlich an, dass sich der graduelle Rückgang der Inflation zu einer folgenschweren Deflation ausweiten könnte«, sagte Greenspan zwei Jahre später. »Wäre aber das Szenario Wirklichkeit geworden, wären die Folgen für die Wirtschaft schrecklich gewesen. Deshalb entschlossen wir uns, es mit ungewöhnlich niedrigen Zinsen zu bekämpfen.«

Geldpolitik – nicht »Taylor-made«

Ab dem Sommer 2004 begann die Fed, die Zügel wieder straffer zu ziehen. Allerdings erhöhte sie die Leitzinsen nur überaus langsam und behutsam. Dadurch waren die US-Leitzinsen über mehrere Jahre hinweg, gemessen an den in der Geldpolitik üblichen Regeln für optimale Zinsen, viel zu niedrig.

Als gängiger Bewertungsmaßstab für richtige Geldpolitik gilt eine einfache Faustformel, die der Stanford-Ökonom John Taylor Anfang der 90er-Jahre erfunden hat – die nach ihm benannte »Taylor-Regel«. Danach richtet sich der optimale Leitzins nach zwei Größen: Zum einen hängt er davon ab, wie groß die Lücke ist zwischen der tatsächlichen Inflation und dem von der Notenbank angestrebten Inflationsziel, das oft bei etwa zwei Prozent pro Jahr liegt. Zum anderen richtet er sich nach der Konjunktur, oder genauer: nach dem Auslastungsgrad der Volkswirtschaft – also dem Grad, zu dem die gesamtwirtschaftliche Produktion unter ihrem maximalen Potenzial bleibt. Der Leitzins wird angehoben, wenn die Inflationsrate oder der Auslastungsgrad der Volkswirtschaft steigt – und gesenkt, wenn einer der Faktoren zurückgeht.

In ihrer klassischen Form besagt die Taylor-Regel: Für jeden Prozentpunkt, den die Teuerungsrate über das Inflationsziel der Notenbank klettert, steigen die Leitzinsen um 1,5 Prozentpunkte. Für jeden Prozentpunkt, den die tatsächliche Wirtschaftsleistung unter dem Produktionspotenzial liegt, sinken sie um 0,5 Prozentpunkte.

Bei Zentralbanken und in der Wissenschaft ist diese vergleichsweise simple Regel allgemein akzeptiert. Eine Reihe von Studien belegt, dass Fed und EZB das Verfahren mehr oder weniger direkt anwenden: Die Geldpolitik der vergangenen 20 bis 30 Jahre ist weitgehend der Taylor-Regel gefolgt. Anders in den Jahren 2002 bis 2005 – so das Ergebnis einer Studie von Taylor selbst. In dieser Zeit waren die Leitzinsen demnach deutlich niedriger, als aus historischer Perspektive angemessen gewesen wäre.

John Taylor ist überzeugt: Eine straffere Geldpolitik der Fed hätte einen Großteil des Immobilienbooms verhindern können, ebenso wie die Exzesse bei der Vergabe von Subprime-Krediten. Auch die drei IWF-Ökonomen Giovanni Dell'Ariccia, Deniz Igan und Luc Laeven finden in einer Studie Hinweise darauf, dass die lange Periode historisch niedriger US-Leitzinsen für die Exzesse mitverantwortlich war. Als die Zinsen wieder stiegen, zogen die Banken bei höherwertigen Hypotheken ihre Standards bei der Kreditvergabe schnell an. Bei Subprime-Darlehen dagegen war dies erst viel später der Fall. »Das spricht dafür, dass die Geldpolitik die Risikobereitschaft der Gläubiger im Subprime-Segment ungünstig beeinflusst hat«, so das Fazit des IWF-Forschertrios.

Die Notenbanker sollten aus der Krise eine wichtige Lehre ziehen, betont Taylor: »Bleibt bei der systematischen, vorhersagbaren und regelgebundenen Geldpolitik, die seit Anfang der 80er-Jahre meist gut funktioniert hat.« Die Leitzinsen sollten sich an Inflation und Wirtschaftswachstum orientieren. »Hütet euch davor, die Geldpolitik an anderen Faktoren auszurichten«, warnt Taylor. Mit anderen Worten: Von der Idee, die Geldpolitik als Anti-Deflationsversicherung zu nutzen, sollten die Zentralbanken künftig tunlichst die Finger lassen.

Der gescheiterte Risikomanager

Letztlich ist die Fed mit ihrer laxen Geldpolitik ein kalkuliertes Risiko eingegangen: Der Schaden, den eine zu straffe Geldpolitik hätte anrichten können (= Deflation), erschien ihr größer als der durch Niedrigzinsen (= Inflation). Wie man zu hohe Geldentwertung bekämpft, das wussten die Notenbanker schließlich seit Jahrzehnten. Von Inflation jedoch fehlte in all den Jahren vor der Krise fast jede Spur – trotz der niedrigen Zinsen. Seit den 90er-Jahren herrschte eine einzigartige Preisniveaustabilität. Nach 1991 lag die Inflation in den USA in keinem Jahr mehr über 3,5 Prozent – Anfang der 80er-Jahre waren noch zweistellige Raten an der Tagesordnung gewesen. Gemessen an ihrem Hauptauftrag, die Preise stabil zu halten, hat die Federal Reserve Bank ihren Job unter Alan Greenspan gut erfüllt. In diesem Punkt sind sich so gut wie alle Volkswirte weltweit einig: Das mit Abstand Wichtigste und Beste, was eine Notenbank für die Wirtschaft tun kann, ist, für stabiles Geld zu sorgen. Als Risikomanager jedoch hat Alan Greenspan eindeutig versagt.

Er selbst weist jede Verantwortung für die Krise von sich. Im März 2009 verteidigte sich der ehemalige »Maestro« mit einem Gastkommentar im »*Wall Street Journal*«. Auf das geldpolitische Risikomanagement und die Deflationsversicherung ging er dabei mit keinem Wort ein; vielmehr argumentierte er mit Globalisierung und Ersparnisschwemme. Die Notenbank könne mit ihren Instrumenten ohnehin nur die kurzfristigen Zinsen steuern, schrieb Greenspan. Auf die langfristigen Zinsen, die für Investitionen und Kreditkonditionen weit wichtiger seien, hätte sie nur begrenzten Einfluss. Diese würden neben den Leitzinsen von einer Reihe weiterer Faktoren bestimmt – unter anderem von den Inflationserwartungen der Menschen.

Seit den 90er-Jahren, argumentiert Greenspan weiter, hätten sich kurz- und langfristige Zinsen immer mehr voneinander entkoppelt – vor allem aufgrund der Globalisierung. Erklärungsmuster aus der Vergangenheit ließen sich daher nicht einfach fortschreiben; eben dies aber habe Taylor getan. Die Geldpolitik, so Greenspan, sei daher nicht für die zweite Weltwirtschaftskrise verantwortlich.

Mit dieser Sicht steht Greenspan in Wissenschaftskreisen allerdings ziemlich alleine da – ganz von jeder Verantwortung freisprechen kann man die Fed keinesfalls. Dass ihre Niedrigzinspolitik mit zur Katastrophe beigetragen hat, darüber herrscht unter Ökonomen allgemeiner Konsens.

Als Hauptursache allerdings, so viel sei Greenspan zugestanden, kann man sie kaum bezeichnen. Denn im Euro-Raum und in Großbritannien waren die Kurzfrist-Zinsen längst nicht so niedrig wie in den USA – und doch boomte hier die Kreditvergabe fast ebenso stark, wie der britische Geldpolitik-Experte Paul Mizen von der University of Nottingham betont. Zudem, so Mizen, habe zwischen 2004 und 2006 parallel zu den steigenden Leitzinsen in den USA auch die Kreditvergabe weiter zugenommen – auch dies relativiere die Rolle der Geldpolitik. Ganz ähnlich argumentiert Yale-Ökonom Robert Shiller: »Die Zinssenkungen der Fed alleine können nicht den allgemeinen, neun Jahre dauernden Aufwärtstrend auf dem Häusermarkt erklären«, schreibt er in seinem Buch »*The Subprime Solution*«. »Der US-Immobilienboom war dreimal so lang wie die Periode der niedrigen Leitzinsen, und er nahm an Tempo zu, als die Fed die Zinsen anzog.«

Wenn Häuser die Welt retten

Am 28. Mai 2002 erschien das britische Wirtschaftsmagazin *The Economist* mit einer ungewöhnlichen Illustration auf der Titelseite: einem Heißluftballon in Form eines Einfamilienhauses, an dem statt eines Korbes eine Weltkugel hing. »The houses that saved the world« (»Die Häuser, die die Welt retteten«) lautete die Schlagzeile dazu. Steigende US-Immobilienpreise, so der Tenor der Titelgeschichte, hätten den Kollaps der Weltwirtschaft verhindert.

Nach dem Börsencrash und den Terroranschlägen des 11. September 2001 hatten viele Volkswirte eine tiefe Rezession befürchtet – schließlich hatten die US-Bürger jahrelang über ihre Verhältnisse gelebt, mit beiden Händen Geld für Konsumartikel ausgegeben und damit die Konjunktur am Laufen gehalten. Die Amerikaner sparten so wenig wie selten zuvor in der modernen Wirtschaftsgeschichte, zugleich waren sie so hoch verschuldet wie nie.

Bereits seit Anfang 2001 hatte die US-Wirtschaft in einer Rezession gesteckt – die Terroristen, so schien es damals, hatten für ihren Anschlag einen Zeitpunkt gewählt, an dem die US-Wirtschaft auf denkbar schwachen Füßen stand. Der Zusammenbruch der Börsen hatte viel Privatvermögen vernichtet, und zahlreiche Ökonomen hatten erwartet, dass die Amerikaner nun jeden Dollar zweimal umdrehen würden.

Immobilienboom nach dem Terrorschock

Doch der befürchtete tiefe Abschwung entpuppte sich als Rezessiönchen. Die amerikanische Notenbank senkte schnell und drastisch die Leitzinsen, die US-Regierung stützte die Konsumlaune der Bürger mit niedrigeren Steuern. Außerdem boomte der Immobilienmarkt. »Im vergangenen Jahr«, berichtete der *Economist* im Mai 2002, »sind die durchschnittlichen Immobilienpreise in Amerika um neun Prozent gestiegen. Preisbereinigt war der Anstieg so groß wie noch nie.«

Die höheren Hauspreise stützten den privaten Konsum und damit die Konjunktur. Schließlich wuchs das Vermögen der Eigenheimbesitzer. Die Menschen fühlten sich reicher. Viele nutzten die niedrigen Hypothekenzinsen, um ihre Kredite umzuschulden und ihre monatliche Zinsbelastung zu reduzieren. Oft nutzten die Amerikaner ihr Haus quasi als Geldautomaten: Weil ihre Immobilie dank der Preisentwicklung oft deutlich im Wert stieg, erhöhten sie bei der Umfinanzierung die Kreditsumme. Das bescherte ihnen Bares zum Kauf neuer Autos, Fernseher und Spielekonsolen.

Eindrücklich warnte der *Economist* im Mai 2002, der Preisanstieg auf dem amerikanischen Immobilienmarkt könne nicht ewig so weitergehen. Ein Crash aber sei überaus unwahrscheinlich. Die Hauspreise würden sich früher oder später beruhigen, aber kollabieren würden sie nicht.

Welch ein Irrtum! Als der *Economist*-Artikel im Mai 2002 erschien, hatte der kollektive Hauskaufrausch in Amerika noch gar nicht richtig begonnen. Zu diesem Zeitpunkt lagen die Immobilienpreise in den 20 wichtigsten US-Städten rund 25 Prozent höher als im Jahr 2000 – in den folgenden vier Jahren sollten sie um weitere 65 Prozent zulegen. Zwischen 1997 und 2005 kletterte der Anteil der Immobilienbesitzer im Lande von 65,7 auf 68,9 Prozent. Die Zahl der von ihren Eigentümern bewohnten Häuser stieg um fast 12 Prozent.

Das böse Erwachen auf dem Immobilienmarkt begann erst im Sommer 2006: Die Immobilienpreise fielen, erst langsam, dann immer schneller. Anfang 2008 lagen sie 10 Prozent tiefer als im Vorjahr – ein Jahr später waren es schon 20 Prozent. Anfangs rutschten nur die Preise von einfachen, billigen Häusern, später erfasste der Abwärtssog auch höherwertige Segmente des Marktes. Im Spätsommer 2009 waren Immobilien in den USA im Schnitt fast ein Drittel günstiger als auf dem Höhepunkt des Booms, drei Jahre zuvor, und eine nachhaltige Trendwende war noch nicht in Sicht. Wie verzweifelt die Lage war, zeigte sich daran, dass Analysten es im April 2009 schon als Hoffnungsschimmer werteten, dass sich der Preisverfall erstmals seit fast vier Jahren nicht beschleunigt hatte. Die Preise waren »nur« 18,6 Prozent niedriger als ein Jahr zuvor, im Vormonat hatte das Minus noch bei 19 Prozent gelegen.

Die Spekulationsblase auf dem amerikanischen Immobilienmarkt gehört zu den wichtigsten Ursachen der Jahrhundertkrise. Wären die US-Bürger nicht seit den 90er-Jahren in einen Immobilienkaufrausch verfallen, hätte es keine toxischen Wertpapiere gegeben, keine Kernschmelze im Bankensektor, keine globale Rezession.

Jahrelang schaukelten sich in den Vereinigten Staaten die Exzesse auf dem Häusermarkt und bei der Kreditvergabe gegenseitig hoch: Weil die Immobilienpreise rasant stiegen, erschienen Hypothekenkredite als sichere und lukrative Anlageform. Und so wurde den Amerikanern das Geld zum Immobilienkauf jahrelang regelrecht hinterhergeworfen. Die billigen Kredite wiederum heizten die Nachfrage nach Häusern an, wodurch die Preise weiter stiegen – und so weiter. Solange dieser sich selbst verstärkende Kreislauf funktionierte, spielte die Bonität der Hypothekenschuldner für die Gläubiger kaum eine Rolle. Geriet ein Kreditnehmer in Zahlungsschwierigkeiten, konnte er sein Haus zu einem höheren Preis weiterverkaufen und so seinen Kredit zurückzahlen.

Was wir von Evangelikalen über die Krise lernen können

Aber warum kauften die Amerikaner jahrelang Häuser, als gäbe es kein Morgen? Wahrscheinlich waren es vor allem psychologische Faktoren, die hinter der Entwicklung steckten. Allein mit »harten« ökonomischen Argumenten wie der Höhe der Zinsen und dem Bevölkerungswachstum lässt sich die Preisentwicklung auf dem Häusermarkt nicht erklären. »Die Hauptursache ist die menschliche Natur«, ist der Yale-Professor Robert Shiller überzeugt. »Wir haben uns von den steigenden Immobilienpreisen einfach mitreißen lassen.« Shiller ist einer der ganz wenigen Wissenschaftler, die frühzeitig – genauer: schon seit 2004 – vor der Spekulationsblase und einem Crash des Immobilienmarktes warnten. Doch zu jener Zeit konnte sich in Amerika kaum jemand vorstellen, dass Häuser nicht nur teurer, sondern auch billiger werden können.

Millionen Amerikaner glaubten an einen Mythos – »den Mythos, dass wegen des Bevölkerungs- und Wirtschaftswachstums und des knappen Baulandes die Immobilienpreise zwangsläufig steigen«, argumentieren Shiller und sein Mit-Autor, der Nobelpreisträger George Akerlof, in ihrem Buch »*Animal Spirits*«: »Aus verschiedenen Gründen verbreitete sich um die Wende zum 21. Jahrhundert in den Vereinigten Staaten und anderswo die Überzeugung, Wohnimmobilien seien eine ausgezeichnete Geldanlage. Eine regelrechte Euphorie erfasste die Immobilienmärkte.«

Christopher Crowe, Ökonom im Forscherstab des Internationalen Währungsfonds (IWF), liefert empirische Belege dafür, dass der Hauspreisboom durch Massenhysterie getrieben wurde – in einer höchst unkonventionellen Studie. Um die Ursachen der Spekulationsblase auf dem US-Immobilienmarkt zu analysieren, beschäftigte sich der Wissenschaftler mit den Evangelikalen, einer einflussreichen, gut organisierten religiösen Strömung in den USA. Überzeugte Evangelikale rechnen damit, dass das Ende der Welt unmittelbar bevorsteht. Seit 1995 gibt es im Internet einen täglich aktualisierten »Erlösungsindex« zur aktuellen Wahrscheinlichkeit des Weltuntergangs. Je schlechter die Weltnachrichten, so die Logik, desto näher die Stunde der Erlösung. Seinen Höchststand erreichte der Index kurz nach dem 11. September 2001, im Sommer 2009 lag er etwas niedriger.

Ihr strenger Glaube macht eingefleischte evangelikale Christen für Ökonomen interessant, denn sie haben eine ganz andere Einstellung zu Geld und Reichtum als Durchschnittsamerikaner. Studien zeigen: Anders als Calvinisten und andere Protestanten stehen endzeitgläubige Evangelikale materiellem Wohlstand skeptisch bis feindselig gegenüber. Und das machte sie weitgehend immun gegen die Spekulationshysterie auf dem Immobilienmarkt, wie Crowe erläutert: In den Regionen Amerikas, in denen besonders viele Evangelikale leben, waren die Preisausschläge deutlich kleiner als im Rest des Landes. Das belegt Crowe anhand lokaler Daten zum Immobilienmarkt und zur Religionszugehörigkeit. Je größer der Anteil von evangelikalen Christen in einer Region, desto verhaltener ging es auf dem Immobilienmarkt zu. Dieser Zusammenhang erweist sich als sehr robust. Er ist unabhängig von der lokalen Arbeitsmarkt- und Konjunkturlage, von der demografischen Entwicklung und von anderen für die Immobilienpreise potenziell wichtigen Faktoren.

Kollektive Blindheit

Anders als die Evangelikalen waren Immobilienmarkt-Experten nicht vor der Euphorie gefeit, die das Gros der Amerikaner erfasst hatte: Nahezu alle, die sich berufsbedingt mit Immobilien beschäftigten, hatten die Preisentwicklung viel zu rosig eingeschätzt. Das war der Hauptgrund, warum sie von den zahlreichen faulen Krediten so überrascht wurden. Der US-Notenbank-Volkswirt Kristopher Gerardi und drei seiner Kollegen haben diesen Zusammenhang in einer Studie minutiös aufgearbeitet.

Systematisch haben die Forscher alte Analystenprognosen zur Immobilienpreis-Entwicklung ausgewertet. Sie stellten fest: Pessimisten rechneten zwar damit, dass sich der Preisanstieg verlangsamen würde. Dass Häuser aber tatsächlich billiger würden, hielt die große Mehrheit der Marktbeobachter für nahezu ausgeschlossen. So gingen zum Beispiel die Analysten von Lehman Brothers im Sommer 2005 mit einer Wahrscheinlichkeit von 80 Prozent davon aus, dass die Preise auch in Zukunft jährlich um fünf Prozent oder mehr steigen würden. Einem Kollaps, bei dem die Preise längere Zeit deutlich fallen, sprachen sie nur eine Wahrscheinlichkeit von fünf Prozent zu.

»Der Glaube, dass die Hauspreise nicht besonders stark fallen könnten, hielt sich selbst dann, als der Abwärtstrend bereits eingesetzt hatte«, stellen die Forscher fest. So sprachen J. P. Morgan-Analysten noch im September 2007 von einer Bodenbildung. Tatsächlich beschleunigte sich zu diesem Zeitpunkt der Preisverfall auf dem Immobilienmarkt rasant.

Die Illusion eines nie endenden Booms auf dem Immobilienmarkt hielt sich hartnäckig in vielen Köpfen – selbst, als sich die Preise landesweit fast ein Jahr lang im freien Fall befanden. Das erlebte die deutsche Makroökonomin Monika

Piazzesi hautnah, als sie im Frühsommer 2008 an die Stanford University in Kalifornien wechselte. Um die Immobilienpreise brauche sich hier in Stanford niemand Sorgen zu machen, versicherte ihr eine Dame aus der Uni-Verwaltung. »Die steigen hier immer!« Monika Piazzesi erdreistete sich, diese These in Frage zu stellen. »Moment mal«, erwiderte die junge Ökonomin, »warum sind Sie sich da so sicher? Ich forsche zum Thema Immobilienpreise. Und es gibt überhaupt keinen Grund, warum die nur steigen sollten.« Es folgte eine längere Diskussion. Richtig überzeugen konnte Piazzesi ihr Gegenüber nicht. Ein halbes Jahr später kam die Immobilienkrise im Silicon Valley an. Auch in Stanford und Umgebung gerieten die Hauspreise ins Rutschen.

Selbst Alan Greenspan hatte sich von der Immobilien-Euphorie anstecken lassen. Auch er, der legendäre Maestro der Geldpolitik, ahnte den landesweiten Kollaps der Hauspreise nicht voraus. Sicher, auf einigen regionalen Märkten gebe es einige Übertreibungen, räumte er im Mai 2005 ein. Aber eine landesweite Immobilien-Spekulationsblase? Nein, dafür sehe er keinerlei Anzeichen. Allenfalls für Schaum (»froth«) aus vielen kleinen, regional begrenzten Bläschen. Wenn überhaupt, dann würden Immobilienpreise nur ein bisschen fallen. Und selbst das sei nicht weiter schlimm: Schließlich habe das Vermögen der meisten Immobilienbesitzer dank der starken Preisanstiege enorm zugenommen. Sollte der Markt einmal drehen, würden daher nur die Amerikaner Probleme bekommen, die unmittelbar zuvor ein neues, überteuertes Haus gekauft hätten.

Im Nachhinein ist es kaum zu glauben, welch naivem Zirkelschluss ein so erfahrener Notenbanker wie Greenspan aufgesessen ist. Das gigantische Ausmaß, das die Blase schon 2005 erreicht hatte, sah er als Argument dafür an, dass ihr Platzen schon nicht so schlimm werden könnte.

Ein amerikanischer (Alb-)Traum

An der Spekulationsblase im Immobilienmarkt trägt die amerikanische Wirtschaftspolitik eine gehörige Mitschuld: Die konservative Regierung von George W. Bush förderte über Jahre den Hausbesitz nach Kräften, angetrieben von der liberalen Idee, mehr Privateigentum bedeute mehr Freiheit des Einzelnen. Bush prägte dafür das Schlagwort der »Eigentümergesellschaft« (»ownership society«).

Mehr Amerikaner zu Hausbesitzern zu machen, das war eines seiner zentralen politischen Versprechen. »Jedes Mal, wenn eine Familie in ein eigenes Haus einzieht, erfüllt sich ein Traum, und jedes Mal manifestiert sich der Glaube an die Zukunft«, sagte Bush 2002 in einer Radioansprache. Bis 2010, kündigte er damals an, solle es in den Vereinigten Staaten 5,5 Millionen zusätzliche Immobilieneigentümer geben – vor allem Familien mit geringem Einkommen. Diese würden bislang unter anderem deshalb abgeschreckt, weil Hauskauf und Finanzierung zu komplex seien. Daher, versprach Bush, werde seine Regierung dafür sorgen, dass alle Verträge rund um den Hauskauf einfacher würden. »Die Leute gucken sich die Formulare an und sagen: Na ja, ich weiß nicht, ob ich das unterschreiben will. Da sind zu viele Wörter drin«, scherzte Bush 2002 in einer Rede und hatte die Lacher auf seiner Seite.

Die Realität war weniger lustig: Vor allem in den Jahren der Bush-Regierung haben die Verkäufer von Hypothekenkrediten die Ahnungslosigkeit der einfachen Leute gnadenlos ausgenutzt und vielen Amerikanern Darlehen angedreht, die nur zweierlei Interessen dienten: denen der Verkäufer, die dafür eine Provision kassierten, und denen der Investmentbanken, die aus tausenden solcher Einzelkredite Finanzprodukte konstruierten, die sie an Investoren in aller Welt verkauften.

Ein Paradebeispiel für solche Halsabschneiderei waren die »Adjustable-Rate Mortgages«, Immobilienkredite mit besonders niedrigen Zinsen, die aber nur für zwei oder drei Jahre garantiert waren. Danach war die Höhe der Kreditzinsen direkt an das Zinsniveau auf dem Finanzmarkt gekoppelt – meist für 27 oder 28 Jahre. Wie riskant solche Kredite mit Lockzinsen sind, liegt auf der Hand: Der Schuldner ist über Jahrzehnte sämtlichen Zinsschwankungen ausgesetzt; seine tatsächliche Zinsbelastung ist im Grunde unkalkulierbar.

In den Jahren vor 2007 waren solche Kredite noch aus einem anderen Grund schierer Wahnsinn: Damals waren die Kapitalmarktzinsen auf einem historischen Tiefstand. »Sie konnten sich eigentlich nur in eine Richtung bewegen: nach oben«, so der Ökonomie-Nobelpreisträger Joseph Stiglitz im

Sommer 2008. Im Interesse der Kunden – der Kreditnehmer – wäre es das Richtige gewesen, die niedrigen Zinsen so lange wie möglich zu fixieren. Tatsächlich machten die amerikanischen Hypothekenbanken genau das Gegenteil. Systematisch verkauften sie solche Lock-Kredite an wenig gebildete Amerikaner aus der Unterschicht – und, wen wundert's, diese Kredite platzten denn auch im Verlauf der Krise überproportional häufig.

Vielen Kreditnehmern war gar nicht bewusst, worauf sie sich einließen. Das zeigt eine Studie eines dreiköpfigen amerikanischen Forscherteams um Kristopher Gerardi. Die Wissenschaftler befragten systematisch 600 amerikanische Hausbesitzer aus einfachen Verhältnissen zu ihren Darlehen und verglichen die Antworten mit den tatsächlichen Kreditkonditionen. Sie stellten fest: Sehr viele der Schuldner kannten nicht einmal die wichtigsten Eckdaten ihrer Kreditverträge. Knapp ein Drittel von denen, die sich auf die gefährlichen Hypotheken mit flexiblen Zinssätzen eingelassen hatten, war überzeugt, einen Festzinskredit unterschrieben zu haben. Auffallend hoch war der Anteil bei Kreditnehmern, die kaum Vorkenntnisse über finanzielle Dinge besaßen. Das hatten die Verkäufer der Hypotheken gnadenlos ausgenutzt.

Der Subprime-Boom

US-Präsident George W. Bush hatte es so gewollt: Bei den eher einfachen Immobilien, die in der Regel Menschen mit geringer Bildung und Bonität gehörten – auf dem so genannten »Subprime«-Markt also – war die Spekulationsblase besonders groß. In Deutschland gibt es dieses Segment gar nicht. Hierzulande hüten sich die Banken davor, Menschen aus sozial schwachen Schichten Geld für einen Hauskauf anzudienen. Wer keine Schulbildung hat, nur einen unsicheren oder gar keinen Job vorweisen kann, wenig Eigenkapital mitbringt oder eine schlechte Kredithistorie vorzuweisen hat, der bekommt in Deutschland kein Hypothekendarlehen.

Anders im Land der unbegrenzten Möglichkeiten: Zwischen 2000 und 2006 verdreifachte sich dort das Volumen der jährlich neu vergebenen Subprime-Kredite; am Ende lag es bei 600 Milliarden Dollar pro Jahr. Der Anteil dieser riskanten Hypothekendarlehen kletterte von 9 auf 20 Prozent – und das bei einem deutlich wachsenden Gesamtmarkt. »Im vergangenen Jahrzehnt haben sich die Subprime-Kredite von einer kleinen Nische zu einem bedeutenden Segment des Hypothekenmarkts entwickelt«, stellten die IWF-Ökonomen Giovanni Dell'Ariccia, Deniz Igan und Luc Laeven 2008 in einer Studie fest. Den Umfang aller ausstehenden Subprime-Kredite schätzten die Forscher auf eindrucksvolle 1,3 Billionen Dollar.

Die Standards bei der Kreditvergabe verlotterten in einem Ausmaß, das die Grenzen der Phantasie übersteigt. Bei der Frage nach Einkommen und Vermögen eines potenziellen Schuldners vertrauten die Hypothekenbanken immer häufiger auf Selbstauskünfte. Bei vielen Kreditnehmern wurden die Einkommensverhältnisse überhaupt nicht oder nur unvollständig überprüft. Schon 1999 galt das für immerhin 20 Prozent aller Subprime-Darlehen, 2006 sogar für 35 Prozent. Berüchtigt waren die so genannten »Ninja«-Kredite: Das Akronym steht für »no income, no jobs or assets« – die Gläubiger hatten also weder Einkommen noch Arbeitsplatz noch Vermögen vorzuweisen.

Parallel dazu brachten die Kreditnehmer immer weniger Eigenkapital mit. Die Darlehenssummen machten häufig 90, 95 oder 100 Prozent des Immobilienwertes aus; teils lagen sie sogar deutlich darüber. Wer einen solchen Kredit aufnahm, kaufte nicht nur auf Pump ein Haus, sondern bekam sogar noch Bargeld dazu. Auch Kredite ganz ohne Tilgungszahlungen waren verbreitet. Zum Teil war der Schuldendienst in den ersten Jahren niedriger als die anfallenden Zinsen, die Schuldenlast stieg also an. Fachleute sprachen dabei von »negativer Amortisation«.

Der Markt für minderwertige Immobilienkredite war vollkommen außer Kontrolle geraten. Es handelte sich nicht um eine gesunde Entwicklung, sondern um eine verheerende Mischung aus Gier, billigem Geld und neuen Finanzprodukten. Das zeigen die drei IWF-Ökonomen Dell'Ariccia, Igan und Laeven. Die Hypothekenbanken machten ihre Kreditvergabe immer stärker von der Entwicklung des Immobilienmarktes und der Nachfrage nach Darlehen abhängig, nicht von der Kreditwürdigkeit des Schuldners. Die drei IWF-Ökonomen liefern dafür empirische Belege. Die Gläubiger gingen übermäßige Risiken ein. Die Anforderungen an die Bonität der Schuldner wurden stärker zurückgenommen, als aufgrund ökonomischer Fundamentaldaten gerechtfertigt gewesen wäre, stellen die Wissenschaftler fest.

Im Segment für minderwertige Hypothekendarlehen war ein perfider Mechanismus am Werk: Je mehr Anträge auf Subprime-Kredite gestellt wurden, desto geringer war die Ablehnungsquote. Bei »Prime«-Krediten an Kunden mit guter Bonität war genau das Gegenteil der Fall. Dort stieg die Ablehnungsquote, weil sich die Banken die besten Schuldner heraussuchten. In Regionen aber, in denen besonders viele Anbieter von Subprime-Darlehen präsent waren, wurden besonders viele dieser Kredite vergeben – ebenso wie in Gegenden, wo die Grundstücks- und Hauspreise überdurchschnittlich stark stiegen. Daraus ziehen die Forscher den Schluss: »Die Gläubiger von Subprime-Krediten haben zu einem gewissen Grad darauf gewettet, dass der Immobilienboom weitergeht.« Diese Wette ging gründlich daneben.

Das teure Versagen der Finanzalchemisten

Blei in Gold zu verwandeln, das ist einer der großen alten Menschheitsträume. Es dauerte Jahrhunderte, bis die Alchemisten des Mittelalters einsahen: Künstliches Gold herzustellen ist unmöglich. Zumindest mit den Mitteln der Chemie.

Die Wall Street jedoch schien in den 90er-Jahren einen Weg gefunden zu haben, den alten Traum Wirklichkeit werden zu lassen: das Strukturieren von Wertpapieren. Durch das Bündeln, Mischen und den portionsweisen Weiterverkauf von Krediten entstanden Finanzprodukte, die deutlich hochwertiger erschienen als ihre einzelnen Zutaten: Aus Darlehen an Amerikaner mit schlechter Bonität zauberten die Finanzalchemisten Wertpapiere, die von den Rating-Agenturen meist die Traumnote »AAA« erhielten. Nach außen erschienen diese Papiere so sicher wie US-Staatsanleihen – dabei warfen sie deutlich höhere Zinsen ab.

Diese wundersamen Finanzprodukte hießen »Collateralized Debt Obligations« (CDOs). Weil sie höchst attraktive Renditen bei sehr geringen Ausfallrisiken versprachen, erlebten sie in den Jahren vor der Krise einen enormen Boom. Der CDO-Markt gehörte bis 2007 zu den wachstumsstärksten Segmenten des Finanzmarktes. Jeder, der so ein Papier kaufte, pumpte frisches Geld in den amerikanischen Immobilienmarkt und heizte damit den Spekulationsboom weiter an.

Lange sah es aus, als würden CDOs und andere komplexe Wertpapiere die Finanzmärkte und das Bankensystem deutlich stabiler machen. Zumindest theoretisch ließen sich Risiken durch die wundersamen Finanzinnovationen besser streuen und minimieren. »Das Wachstum der Kreditderivate legt den Schluss nahe, dass die Marktteilnehmer sie nützlich für ihr Risikomanagement finden«, hieß es noch kurz vor Ausbruch der Krise in einer Studie der US-Notenbank Federal Reserve. Die Europäische Zentralbank stellte ungefähr zur gleichen Zeit fest: »In modernen, hoch entwickelten Volkswirtschaften werden Risiken hauptsächlich durch den Handel mit Finanzprodukten gemanagt.«

Heute ist klar: Die schönen, neuen Finanzprodukte, die eigentlich das Risikomanagement perfektionieren sollten, entwickelten sich im Laufe der Jahre selbst zum Sicherheitsrisiko. Das künstliche Gold der Finanzalchemisten entpuppte sich als finanzieller Sondermüll, der jeden vergiftete, der ihn allzu lange sein Eigen nannte. Nur für die Wall Street war es positiv: Die Banker und Berater verdienten sich mit Produktion, Bewertung und Verkauf der schönen, neuen Finanzprodukte eine goldene Nase.

Vielen CDO-Käufern war nicht klar, wie die Produkte im Detail funktionierten und auf welche Risiken sie sich dabei einließen. Und selbst die studierten Betriebswirte und Statistiker in den Banken, die diese CDOs im Detail »verstanden« und mit ihren quantitativen Risikomodellen bewerteten, konnten – wie sich im Nachhinein zeigte – nicht wirklich weiterhelfen. Kernannahmen, auf denen die Modelle basierten und die in ihre Konstruktion eingegangen waren, erwiesen sich als falsch. So waren für die Ausfallwahrscheinlichkeit einzelner Kredite viel zu niedrige Korrelationen unterstellt; auch die Prognosen über die Entwicklung der amerikanischen Immobilienpreise, die auf der positiven Historie der vergangenen Jahrzehnte beruhten, erwiesen sich als viel zu optimistisch.

Rund um den Globus bewerteten Banken, Versicherungen und Pensionskassen die CDOs mit ähnlichen Modellen wie die Rating-Agenturen, die den Papieren Bestnoten ausstellten. Massen von hoch bezahlten, an den besten Universitäten der Welt ausgebildeten Finanzmarktprofis verhielten sich wie Flugpassagiere, die den Flugzeugkonstrukteuren, Piloten und Sicherheitsingenieuren der Airline blind vertrauen und selbst nicht einmal in der Theorie wissen, warum ein Flugzeug überhaupt fliegt.

Doch anders als im Luftverkehr war dieses Vertrauen im Finanzsektor nicht gerechtfertigt. Die komplexen Kreditderivate hielten ihre Versprechen nicht und wurden zu einer Kernursache der Finanzmisere. Wer die aktuelle Krise verstehen will, muss begreifen, woran die Finanz-Alchemisten scheiterten und warum ihre Produkte »giftig« wurden. Denn ohne CDOs und andere Kreditderivate hätte es die Krise so nicht gegeben. Der amerikanischen Unterschicht wären bis 2007 nicht Hypothekenkredite nachgeworfen worden, der amerikanische Immobilienmarkt hätte sich nicht so überhitzt.

Was Friedrich der Große mit der Krise zu tun hat

1769 sollte sich als ein Schlüsseljahr für die Zukunft der Menschheit erweisen – dank zweier Erfindungen, die den weiteren Verlauf der Geschichte veränderten. Die erste ließ der Schotte James Watt am 29. April 1769 beim britischen Patentamt eintragen: Er hatte ein Verfahren entwickelt, das Dampfmaschinen wesentlich effizienter machte. Erst dank der Ideen, die Watt im Patent Nr. 913 auf drei Seiten niedergeschrieben hatte, konnte die industrielle Revolution richtig beginnen.

Die zweite weit reichende Neuheit des Jahres 1769 stammte aus Preußen und war aus der Not geboren. Nach dem Ende des Siebenjährigen Krieges war Preußen wirtschaftlich am Ende; die adeligen Großgrundbesitzer standen vor dem Ruin. Sie waren wegen des Krieges total überschuldet und bekamen nur noch zu exorbitant hohen Zinsen neue Kredite.

In dieser Situation setzte die preußische Regierung unter Friedrich dem Großen einen Plan um, den ein Berliner Kaufmann namens Dietrich Ernst Bühring entwickelt hatte: Sie gründete die Schlesische Landschaft, die erste Hypothekenbank der Welt. Alle Besitzer von Rittergütern in Schlesien mussten damals zwangsweise der Landschaft beitreten, die ihnen Kredite gewährte. Um sich selbst mit frischem Kapital zu versorgen, verkaufte die Schlesische Landschaft fest verzinsliche Wertpapiere, die gleich doppelt gegen Zahlungsausfälle abgesichert waren: Einerseits dienten die Rittergüter als Sicherheit, andererseits bürgte die Hypothekenbank für die Wertpapiere.

Der Pfandbrief war geboren – das erste forderungsbesicherte Wertpapier der Welt, neudeutsch »Asset Backed Security« genannt. Die Pfandbriefe der »Schlesischen Landschaft« waren ein früher, einfacher Vorläufer der heutigen »Collateralized Debt Obligations« – so wie James Watts Dampfmaschine die Urahnin heutiger Kraftwerke und Motoren war. Zwar unterscheiden sich Pfandbriefe und CDOs in vielen wichtigen Eigenschaften. Ein Grundprinzip aber ist seit 1769 gleich geblieben: Einzelkredite, die eine Bank an Immobilienbesitzer vergeben hat, werden in einen großen Topf geworfen, ordentlich gemischt und in kleinen Portionen an Anleger weiterverkauft. Aus Buchkrediten von Banken entstehen handelbare Wertpapiere – im angelsächsischen Finanzjargon wird das Verfahren »Securitization« genannt.

Theoretisch ist das mit großen Vorteilen verbunden, denn die Ausfallrisiken der einzelnen Kredite lassen sich so deutlich besser handhaben: Wenn man tausende Einzelkredite bündelt, merkt man den einen Kreditnehmer, der pleite geht, nicht mehr. Ein stark vereinfachtes Beispiel macht das Grundprinzip deutlich: Stellen Sie sich vor, sie leihen einem Verwandten 1 000 Euro. Gerät dieser in Zahlungsschwierigkeiten und lässt den Kredit platzen, haben Sie 1 000 Euro verloren. Anders sieht es aus, wenn Sie sich mit 99 anderen Menschen zusammentun und jeder 1 000 Euro in einen Topf wirft. Daraus werden an 100 Leute jeweils 1 000 Euro verliehen. Lässt ein Gläubiger seinen Kredit platzen, teilen Sie sich den Verlust mit 99 anderen Schuldnern und haben nur einen Schaden von 10 Euro.

Finanzfachleute sprechen auch vom »Slicing of Risk«. Wie eine Salami wird das Risiko in hauchdünne Scheiben geschnitten und an einzelne Investoren weitergereicht. Von den Vorteilen waren alle Experten bis in den Sommer 2007 hinein überzeugt: Die Risiken, so dachte man, werden besser handhabbar, weil sie sich auf viele Schultern verteilen lassen. Allein – das Prinzip funktioniert nur solange, wie nicht zu viele Kredite auf einmal ausfallen.

Jahrhunderte lang ging die Sache gut. Pfandbriefe waren eine besonders sichere, solide Form der Geldanlage. Allerdings waren die Renditen relativ bescheiden, Pfandbriefe warfen stets nur etwas höhere Zinsen ab als Staatsanleihen. Das aber reichte amerikanischen Investmentbankern irgendwann nicht mehr. Sie entwickelten das Prinzip weiter. So entstand die Idee, dass nicht jede Salamischeibe identisch sein muss. Stattdessen statteten die Banker unterschiedliche Tranchen mit unterschiedlichen Rückzahlungsprioritäten aus.

Bei zwei Krediten über 10 000 Euro, die jeweils mit einer Wahrscheinlichkeit von 10 Prozent platzen, funktioniert das so: Eine Investmentbank bündelt beide Darlehen, so dass ein Kreditportfolio in Höhe von 20 000 Euro entsteht. Dieses zerschneidet sie dann im einfachsten Fall wieder in zwei Scheiben: in eine »Junior-« und eine »Senior-Tranche«. Die Junior-Tranche bekommt höhere Zinsen, ist aber gleichzeitig einem höheren Risiko ausgesetzt. Sobald nur einer der beiden 10 000-

Euro-Kredite platzt, bekommt der Halter der Junior-Tranche kein Geld mehr zurück. Die Senior-Tranche dagegen wird so lange bedient, wie mindestens einer der beiden Schuldner seinen Kredit zurückzahlt.

Der Clou des Verfahrens: Das Kreditrisiko der Senior-Tranche fällt drastisch. Es beträgt laut Wahrscheinlichkeitsrechnung nur noch 1 Prozent und nicht mehr, wie bei den Einzeldarlehen, 10 Prozent. Voraussetzung dafür ist, dass die Ausfallwahrscheinlichkeiten der beiden Hypotheken unabhängig voneinander sind, sich also nicht gegenseitig beeinflussen. Noch interessanter wird es, wenn man die Junior-Tranchen zweier solcher CDOs miteinander verschneidet. Dann entsteht ein »quadratisches CDO«, das abermals aus einer Junior- und einer Senior-Tranche besteht. Die Senior-Tranche dieses Konstrukts hat nach den Gesetzen der Wahrscheinlichkeitsrechnung nur noch ein statistisches Ausfallrisiko von 3,6 Prozent.

Noch gründlicher lassen sich Risiken wegzaubern, wenn man nicht zwei, sondern viele Kredite bündelt. Dann steigt der Anteil der scheinbar sicheren Tranchen überproportional an. In der Realität bestanden die CDOs nicht nur aus zwei, sondern aus drei und mehr Tranchen, deren Zahlungsansprüche hierarchisch aufeinander aufbauten.

Dank der theoretisch extrem geringen Ausfallwahrscheinlichkeiten bekamen viele Tranchen solcher CDOs von den Rating-Agenturen die Bestnote »AAA« (»Triple A«). Auf dem Papier waren sie damit genauso sicher wie die solidesten Anlageformen der Welt. Gleichzeitig aber warfen CDOs eine deutlich höhere Rendite ab. Dank der Gütesiegel der Rating-Agenturen durften auch Geldmarktfonds und Pensionskassen diese Papiere kaufen: Sie unterliegen strengen rechtlichen Auflagen bei der Auswahl ihrer Wertpapiere, die dafür sorgen sollen, dass sie nur in bombensichere Anlagen investieren.

Inflation der guten Noten

Weltweit trugen unmittelbar vor Ausbruch der Krise rund 60 Prozent aller strukturierten Finanzprodukte das Gütesiegel »AAA«. Bei klassischen Unternehmensanleihen dagegen bekam gerade einmal ein Prozent aller Papiere diese Bestnote. Ab Mitte 2007 zeigte sich: Das waren potemkinsche Dörfer. Massiv schraubten die Rating-Agenturen ihre Urteile zurück. Von den 30 CDO-Tranchen, die die Investmentbank Merrill Lynch noch 2007 mit der Bestnote »AAA« auf den Markt gebracht hatte, hatten 27 schon Mitte 2008 offiziell Schrottstatus. Die Rating-Agentur Moody's stufte 2007 fast jede dritte forderungsbesicherte Anleihe herab, 14 Prozent der AAA-Papiere verloren ihr Gütesiegel.

Wie konnten renommierte Rating-Agenturen derart daneben liegen? Wissenschaftler, die dieser Frage auf den Grund gegangen sind, haben drei verschiedene Ursachen herausgearbeitet: erstens Interessenkonflikte bei den Rating-Agenturen, zweitens handwerkliche Fehler in den Analysemodellen und drittens systematische, nicht einfach zu lösende Schwächen bei der Berechnung der Ausfallrisiken von strukturierten Produkten.

Die Interessenkonflikte bei den Rating-Agenturen entstanden, weil diese von den Investmentbanken beauftragt wurden, die die CDOs zusammengestellt hatten und verkaufen wollten. Die Rating-Agenturen kassierten üppige Gebühren von den Banken dafür, dass sie eine Bewertung abgaben, auf die dann der CDO-Käufer bei der Beurteilung der Produktqualität angewiesen war. Im Jahr 2006 erwirtschaftete Moody's satte 44 Prozent seines Umsatzes mit strukturierten Produkten, nur noch 32 Prozent entfielen auf klassische Unternehmensanleihen.

Die drei Rating-Agenturen Moody's, Standard & Poor's und Fitch standen zudem untereinander in einem beinharten Wettbewerb. Unter den Investmentbanken, die CDOs bastelten, hatte sich eine eigentümliche Geschäftspraxis entwickelt: Im Vorfeld erkundigten sich Bankmitarbeiter bei den Rating-Agenturen hypothetisch, wie viele AAA-Wertpapiere man wohl ihrer Meinung nach aus den Einzelkrediten schnitzen konnte, auf denen das neue CDO basieren sollte. Wer sich zu streng gab, bekam den Rating-Auftrag erst gar nicht.

Immer stärker verwischten dadurch die Grenzen zwischen CDO-Konstrukteuren und CDO-TÜV: Die Rating-Agenturen agierten zunehmend als Berater, die den Investmentbanken dabei halfen, die Wertpapiere so zu strukturieren, dass möglichst viele »Triple A«-Tranchen entstanden. Sie hatten also keinerlei Anreiz, besonders hohe Qualitätsanforderungen an die strukturierten Produkte zu stellen. Man könnte ihre Situation mit der eines Lehrers vergleichen, dessen Karriere von den Leistungen seiner Schüler abhängt, der aber deren Zeugnisse ohne externe Kontrolle nach Belieben schreiben kann. Die Folge wäre eine Inflation der guten Noten.

Ein zweiter Grund für die viel zu optimistischen Bewertungen der Ausfallrisiken waren haarsträubende handwerkliche Fehler: Nicht selten haben sich die Rating-Agenturen schlicht und einfach verrechnet. So musste Moody's 2008 einräumen, CDO-Tranchen im Wert von mehreren Milliarden Dollar irrtümlich mit »Triple A« bewertet zu haben. Auch andere Rating-Agenturen hatten ähnliche Probleme: Im Frühjahr 2007 stellten Mitarbeiter des US-Vermögensberaters First Pacific Advisors zufällig fest, dass im CDO-Bewertungsmodell von Fitch stetig steigende Hauspreise eine Grundannahme waren. Schon stagnierende Immobilienpreise, gaben Fitch-Angestellte auf Nachfrage zu, könne ihr Modell kaum verkraften. Bei sinkenden Preisen würde es komplett in sich zusammenfallen.

Aber selbst wenn die Rating-Agenturen handwerklich sauber gearbeitet hätten – das Bewerten der Ausfallrisiken von CDOs hat einige systemimmanente Tücken, die Wissenschaftler erst im Nachhinein offengelegt haben. Sie sind der dritte wesentliche Faktor dafür, dass die Ausfallwahrscheinlichkeiten von strukturierten Wertpapieren viel zu optimistisch eingeschätzt wurden. So führen schon kleinste Fehler bei der Bewertung der einzelnen Kreditrisiken dazu, dass die Ausfallwahrscheinlichkeiten der CDOs drastisch unterschätzt werden, zeigt ein vierköpfiges Forscherteam um Joshua Coval, Professor an der Harvard Business School. Vor allem bei quadratischen CDOs potenzieren sich schon kleine Ungenauigkeiten drastisch.

Eine Modellrechung der Forscher für ein fiktives Kreditportfolio macht deutlich: Wenn die Ausfallwahrscheinlichkeit der einzelnen Kredite in Wahrheit bei 7,5 Prozent liegt, aber irrtümlich nur auf fünf Prozent geschätzt wird, bekommt die mittlere Tranche eines quadratischen CDOs statt der schlechten Note »BBB–« das Besturteil »AAA«. Und solche Bewertungsfehler wurden seit der Jahrtausendwende immer wahrscheinlicher, denn zunehmend bestanden die CDOs aus

Subprime-Krediten. Weil es sich bei den Darlehen an Amerikaner mit schwacher Bonität um ein recht junges Marktsegment handelte, waren verlässliche historische Daten über die Rückzahlungswahrscheinlichkeiten Mangelware.

Das Gleiche gilt für die Frage, wie stark die Ausfallrisiken der einzelnen Kredite miteinander korrelieren. Auch hier gab es kaum verlässliche Daten, gleichzeitig potenzieren sich schon kleine Ungenauigkeiten enorm, wie Modellrechnungen der Forscher zeigen. Besonders stark sind diese Multiplikator-Effekte bei den vermeintlich so sicheren quadratischen CDOs.

Selbst wenn es bei der Risikobewertung nicht zu Fehlern kommt, liegt dem Konstruktionsprinzip von CDOs ein fundamentales Problem zugrunde. Denn mit dem Strukturieren lässt sich nur eine Art von Risiko verringern: die Wahrscheinlichkeit, dass man als Investor zufällig an einen Kreditnehmer gerät, der sein Darlehen platzen lässt. Anders sieht es aus, wenn durch einen Schock von außen insgesamt der Anteil der säumigen Zahler steigt – zum Beispiel durch fallende Immobilienpreise oder steigende Zinsen. Diese systemischen Risiken lassen sich auch mit der besten Finanzalchemie nicht beseitigen.

Letztlich sind CDO-Investoren sogar höheren systemischen Risiken ausgesetzt, argumentieren die vier Wirtschaftswissenschaftler um Coval. Da durch das Strukturieren die Einzelrisiken verschwinden, hängt das Auszahlungsprofil der CDOs nur noch von Systemrisiken ab. Investoren gehen also quasi eine Wette auf die Gesamtwirtschaft ein. Wer die als CDO-Halter verliert, auf den kommen plötzlich enorme Verluste zu.

Dieses Risiko aber bilden die bisherigen Ratings von strukturierten Wertpapieren nicht ab. CDOs werden bislang auf den gleichen Notenskalen bewertet wie klassische Unternehmensanleihen, bei denen die systemischen Risiken eine weit geringere Rolle spielen. Die Ratings machen also nicht deutlich, dass AAA-CDOs nur so lange sicher sind, wie es keine systemische Krise gibt. Nach Ansicht von Experten ist es falsch und irreführend, CDOs mit der gleichen Systematik und auf derselben Skala zu bewerten wie klassische Anleihen. »Durch das Rating suggerierten die Emittenten eine Vergleichbarkeit mit klassischen Unternehmensanleihen«, stellt Joshua Coval mit seinen Co-Autoren fest. Dies habe die Anleger in die Irre geführt. Sie hätten nicht verstanden, welch enorme Systemrisiken sie trugen, und daher zu geringe Risikoaufschläge gefordert. Wären die Risiken angemessen eingepreist worden, hätten die CDOs viel von ihrem Zauber verloren, und viele Exzesse hätten vermieden werden können.

Banken als Durchlauferhitzer für faule Kredite

Der Siegeszug der schönen neuen Finanzprodukte veränderte das Geschäftsmodell der Banken fundamental. Früher behielten die Geldhäuser die Kredite, die sie an Unternehmen oder Hauseigentümer vergaben, in ihren Büchern. Das Bilanzrecht zwang sie, für 100 Dollar Kredit mindestens acht Dollar Eigenkapital vorzuhalten. Schon allein diese Vorschrift sorgte dafür, dass Banken nicht unendlich Darlehen vergeben konnten – ihr Eigenkapital gab eine natürliche Grenze vor. Und weil die Geldhäuser die Kreditrisiken in den eigenen Büchern behielten, hatten sie ein hohes Eigeninteresse daran, potenzielle Schuldner vorher auf Herz und Nieren zu prüfen, um Zahlungsausfälle so gering wie möglich zu halten. Denn jeder Kredit, der platzte, riss teure Löcher in ihre Bilanzen.

Im Zeitalter der flächendeckenden Verbriefung von Forderungen waren diese alten Regeln zunehmend außer Kraft. Die Geldhäuser entwickelten sich zu einer Art Durchlauferhitzer für Kredite. Die Finanzbranche spricht von einem »originate and distribute«-Modell: Banken generieren Kredite (»originate«) und verteilen die Forderungen dann weiter (»distribute«) – anders als im traditionellen Geschäftsmodell bleiben sie nicht mehr auf den Kreditrisiken sitzen, sondern reichen sie an andere Investoren weiter. Wie eine heiße Kartoffel.

Ob die Kreditnehmer auch wirklich in der Lage waren, die Kredite später zurückzuzahlen, konnte ihnen letztlich egal sein. Mögliche Zahlungsausfälle trugen sie ja nicht selbst, sondern irgendwelche Investoren irgendwo auf der Welt. »Banken waren letztlich nur noch einem Pipeline-Risiko ausgesetzt.

Sie mussten die Kredite nur einige Monate halten, bis sie die Risiken weitergereicht hatten«, schreibt Princeton-Ökonom Markus Brunnermeier. Immer nach dem Motto: »Es gibt immer noch einen größeren Dummkopf, der den faulen Kredit kaufen wird«, formuliert es Brunnermeiers Fakultätskollege Hyun Song Shin. Hier liegt eine wesentliche Ursache für die schier unvorstellbaren Exzesse bei den Subprime-Krediten: Durch die Verbriefung wurden Rendite und Risiko voneinander entkoppelt.

Die Möglichkeit, Kredite einfach weiterreichen zu können, begünstigte auch die laxe Kreditvergabe. Das zeigt ein vierköpfiges Forscherteam um Benjamin Keys, Ökonom an der University of Michigan, das Detaildaten zu Subprime-Krediten auswertete. So kannten die Forscher unter anderem den Credit-Score des jeweiligen Schuldners – eine Punktzahl, die die Wahrscheinlichkeit ausdrückt, mit der man das Geld später wieder zurückzahlt. Je höher der Wert, desto geringer das Ausfallrisiko. Hypothekenbanken konnten nur Kredite von Schuldnern mit einem Credit-Score von mehr als 620 verbriefen und weiter verkaufen. Darlehen an Kunden mit geringerer Bonität mussten sie in ihren eigenen Büchern behalten.

Die Studie deckte ein erstaunliches Muster auf: Menschen, deren Credit-Score leicht über dem Schwellenwert von 620 lag, ließen ihre Kredite weit häufiger platzen als solche, deren Score leicht unter dem Schwellenwert lag. Eigentlich sollte das genaue Gegenteil der Fall sein, da ein höherer Credit-Score ja höhere Bonität bedeutet. Offenbar – so die Schlussfolgerung der Forscher – schauten die Banken bestimmten potenziellen Schuldnern genauer auf die Finger: den Leuten, bei denen die Institute wussten, dass sie selbst auf den zugehörigen Kreditrisiken sitzen bleiben würden.

Die IWF-Ökonomen Dell'Ariccia, Igan und Laeven kamen in einer anderen Untersuchung zu einem ähnlichen Schluss: Dort, wo Hypothekenbanken ihre Risiken dank der neuen Finanzprodukte an andere Akteure weiterreichen konnten, verfielen die Anforderungen an Subprime-Schuldner besonders stark. Wer wusste, dass er Kreditausfälle nicht selbst würde tragen müssen, weil er den Kredit bis dahin längst weiterverkauft haben würde, hatte kaum noch Interesse daran, die Bonität seiner Schuldner zu prüfen.

Wenn Versicherungen zum Risikofaktor werden

Gut gemeint, so weiß der Volksmund, ist das Gegenteil von gut gemacht. In der Finanzkrise gilt das nicht nur für CDOs. Auch andere Finanzprodukte, die theoretisch mehr Sicherheit und Stabilität schaffen sollten, liefen aus dem Ruder und machten die Welt unsicherer.

So erwiesen sich Versicherungen gegen den Zahlungsausfall von Krediten – die so genannten »Credit Default Swaps« (CDS) – ebenfalls als Sicherheitsrisiko. Das Akronym unterscheidet sich nur in einem Buchstaben von den CDOs, doch handelt es sich dabei um zwei grundverschiedene Finanzprodukte: Bei CDOs werden Kredite gebündelt, neu gemischt und in Tranchen weiterverkauft. Dadurch werden – theoretisch – die Ausfallrisiken der Kredite besser handhabbar. Mit einem CDS kann sich derjenige, der ein CDO oder irgendeine andere Anleihe besitzt, dagegen absichern, dass der Schuldner in Zahlungsschwierigkeiten gerät und seine Verbindlichkeiten platzen lässt. Je höher das Ausfallrisiko des Kreditnehmers, desto höher sind die Gebühren für solche Kreditversicherungen.

Das funktioniert zum Beispiel so: Angenommen, die Deutsche Bank gewährt Daimler einen Kredit über eine Milliarde Euro, den der Autokonzern nach fünf Jahren zurückzahlen muss. Dass Daimler in Zahlungsschwierigkeiten gerät, ist unwahrscheinlich, aber möglich. Um sich abzusichern, trifft die Deutsche Bank mit einem Hedge-Fonds folgende Absprache: Sollte Daimler den Kredit platzen lassen, springt der Fonds ein und zahlt der Bank aus seinem Vermögen eine Milliarde Euro. Für diese Kreditversicherung erhält der Fonds im Gegenzug von der Bank eine kleine Gebühr.

Oft werden diese CDS ihrerseits an den Finanzmärkten gehandelt. Wer will, kann Kreditausfallrisiken von Daimler, General Motors, Island oder der Bundesrepublik in sein Depot legen und dafür Rendite kassieren. Letztlich wettet ein CDS-Käufer darauf, dass ein bestimmtes Unternehmen scheitert. Ein CDS-Verkäufer dagegen wettet darauf, dass das Unternehmen seine Zahlungsverpflichtungen einhält.

Theoretisch ist das eine feine Sache. So vertrat der ehemalige US-Notenbankchef Alan Greenspan 2002 die Ansicht, die kurz zuvor aufgedeckten Bilanzskandale um Enron und WorldCom hätten vor allem deshalb keine Bankenkrise verursacht, weil sich die Institute per CDS gegen Zahlungsausfälle abgesichert hatten.

In der aktuellen Krise jedoch haben sich diese Finanzprodukte, vorsichtig formuliert, als weniger segensreich erwiesen. CDS haben Risiken nicht reduziert, sondern geschaffen. Unter anderem, weil sie die hemmungslose Kreditvergabe an bonitätsschwache Immobilienbesitzer vermutlich noch weiter anfachten: Bei Anlegern, die ihr Geld in Subprime-CDOs steckten, verstärkten die Kreditausfallversicherungen das trügerische Gefühl von Sicherheit. Was konnte schon schiefgehen, wenn man ein von den Rating-Agenturen mit »AAA« bewertetes Papier hielt und sich zusätzlich noch mit einem Credit Default Swap absicherte? Ohne diesen vermeintlich doppelten Schutz hätten manche Geldhäuser nicht so viele Subprime-CDOs gekauft, vermuten Wissenschaftler. Sowohl die Exzesse auf dem Immobilienmarkt als auch der Kollateralschaden, den die Finanzbranche dabei erlitt, wären ohne CDS vermutlich geringer ausgefallen. Die Investoren verhielten sich eben wie die Autofahrer nach Einführung des Anti-Blockier-Systems.

In der Theorie hätte sich der CDS-Markt über den Preis für die Kreditversicherungen selbst ins Gleichgewicht bringen müssen – wenn er denn so funktioniert hätte, wie perfekte Märkte gemäß den Ökonomie-Lehrbüchern funktionieren. Dann hätten die Verkäufer von CDS die immer höheren Ausfallrisiken bei den Subprime-Krediten berücksichtigen und höhere Gebühren verlangen müssen. Das wiederum hätte die Nachfrage nach CDS und – indirekt – nach Subprime-CDOs gedämpft.

Warum dieser Markt nicht funktioniert hat, was genau hier schiefgegangen ist – so ganz klar ist das immer noch nicht. Ein Grund für das Marktversagen könnte sein, dass CDS anders als Aktien und Anleihen nicht an großen, transparenten Märkten, sondern in der Regel in außerbörslichen Geschäften gehandelt werden. Diese so genannten »Over the counter«-Märkte leiden nicht nur unter weniger Liquidität, wegen der mangelnden Transparenz lassen sich auch das tatsächliche Angebot und die tatsächliche Nachfrage viel schlechter beurteilen. Obendrein unterliegen diese außerbörslichen Geschäfte keiner Kontrolle und Aufsicht.

Vieles spricht auch dafür, dass den CDS-Verkäufern sehr wohl bewusst war, dass sie ihre Zusagen im Zweifelsfall gar nicht würden einhalten können. Der Vorstand eines Finanzinstituts, das vor allem »AAA«-Tranchen von CDOs versichert und dafür üppige Gebühren kassiert hatte, räumte das bei einem Gastvortrag an der New Yorker Columbia Universität freimütig ein: Sein Institut habe darauf spekuliert, dass Zahlungsausfälle extrem unwahrscheinlich erschienen. »Uns war klar: Wenn es aber tatsächlich einmal dazu kommen sollte, dann würden wohl sehr viele Kredite auf einmal ausfallen. Und wir würden dann schnell bankrott sein und gar nicht mehr imstande, unsere Zusagen gegenüber dem CDS-Käufer zu erfüllen.«

Ein weiterer Faktor dürfte gewesen sein, dass die Anbieter der Kreditausfallversicherungen zu viel Vertrauen in ihre Bewertungsmodelle hatten. Diese aber erwiesen sich als fehlerhaft, sie bewerteten die Risiken viel zu niedrig. Dadurch waren die Credit Default Swaps zu billig. Das Ganze stelle man sich so vor, als ob eine Autoversicherung Vollkasko ohne Selbstbeteiligung für 20 Euro im Jahr anbieten würde: Dann wären auch die letzten Klapperkisten vollkaskoversichert, und bei einem überraschenden und scharfen Wintereinbruch, der zu unerwartet vielen Unfällen führt, käme die Versicherung in massive Schwierigkeiten.

So wie der US-Versicherungsgigant AIG. Von Haus aus ein solides, erfolgreiches Unternehmen, stieg AIG rund zehn Jahre vor Ausbruch der Finanzkrise in das Geschäft mit Credit Default Swaps ein; ab Mitte dieses Jahrzehnts baute der Konzern es dann aggressiv aus. Besonders gerne sicherte AIG hoch riskante Subprime-Hypotheken ab. Im Jahr 2007 hatten allein die Subprime-Risiken, denen das Unternehmen ausgesetzt war, einen Umfang von knapp 60 Milliarden US-Dollar.

Der Kollaps des US-Immobilienmarktes brach dem Versicherungskonzern das Genick. In CDS-Verträgen wird in der Regel festgeschrieben, dass der Anbieter Sicherheiten hinterlegen muss – meist US-Staatsanleihen oder Bargeld. Ihre Höhe hängt vom Ausfallrisiko des Darlehens und der Kreditwürdigkeit des CDS-Verkäufers ab. Da die Subprime-Kredite ab Mitte 2007 immer häufiger platzten, musste AIG immer mehr Sicherheiten nachschießen. Gleichzeitig beäugten die Rating-Agenturen die Situation zunehmend kritisch und senkten im

Herbst 2008 das Kredit-Rating des Unternehmens. Daraufhin verlangten die Käufer von CDS noch mehr Sicherheiten – die aber konnte AIG nicht mehr aufbringen. Nur Milliardenhilfen der US-Regierung retteten den Konzern vor dem Bankrott.

Das Beispiel AIG zeigt, das von CDS eine Gefahr ausgeht, die vor der Krise niemand gesehen hat: Sie versetzen relativ wenige und vergleichsweise kleine Institute in die Lage, das gesamte Finanzsystem zu destabilisieren – vor allem solche, deren Lust auf riskante Wetten besonders groß ist. »Wenn diese Wetten scheitern, hat das gesamte Finanzsystem die Risiken zu tragen«, schreibt Eric Dickinson, Wissenschaftler an der Fordham Law School, in einer Studie.

Hat niemand die Risiken gesehen?

So klar im Rückblick die Schwächen der neuen Finanzprodukte erscheinen, so groß war bis Mitte 2007 das Vertrauen in diese Finanzinnovationen. Warum hat niemand die Probleme kommen sehen? Wie kann es sein, dass Heerscharen von Experten, viele von ihnen mit Doktor- oder MBA-Abschlüssen der besten Hochschulen der Welt, die Risiken nicht rechtzeitig erkannt haben?

Sicherlich, es gab Mahner wie Nouriel Roubini, Ökonomie-Professor an der New York University, und Robert Shiller, sein Kollege aus Yale. Beide warnten aber hauptsächlich vor einer Spekulationsblase auf dem US-Immobilienmarkt. Ein Crash der Hauspreise galt bei vielen Bankvolkswirten als eines der zentralen Konjunkturrisiken. Weil dann der private Konsum in den Vereinigten Staaten einbrechen würde, könnte die Realwirtschaft in Schwierigkeiten geraten. Dass es aber zuerst Banken und Finanzsystem treffen würde, dass die Kernschmelze von Kreditderivaten ausgehen würde, das hat im Vorfeld so gut wie niemand geahnt.

Immerhin ein Expertengremium folgte zumindest zeitweise der richtigen Spur: das internationale Forum für Finanzmarktstabilität. Ihm gehören hochrangige Vertreter der Finanzministerien, Zentralbanken und Aufsichtsbehörden der G7-Länder an, auch internationale Institutionen sind darin vertreten. Der Boom bei den Kreditderivaten war dem Forum nicht ganz geheuer. Ging es dort mit rechten Dingen zu? Wussten die Akteure, welche Risiken sie eingingen? Könnte es Gefahren für die Stabilität von Finanzmärkten geben? Im September 2003 beschloss das Forum, die Sache genauer unter die Lupe nehmen zu lassen. Das Ergebnis, eine auf Interviews mit Marktteilnehmern basierende Studie mit dem schlichten Titel »Credit Risk Transfer«, wurde im März 2005 präsentiert.

Leider waren die Antworten der Fachleute nicht ansatzweise so gut wie die Fragen. »Die Arbeitsgruppe hat keine Anzeichen für eine Konzentration versteckter Risiken gefunden«, heißt es dort. Und: »Die Marktteilnehmer scheinen sich der Risiken, die mit Aktivitäten rund um Kreditderivate verbunden sind, bewusst zu sein.« Vorsichtig deuteten die Experten an, dass es für CDO-Investoren eventuell unklug sein könnte, sich blind auf die Urteile der Rating-Agenturen zu verlassen. Wer ein CDO kaufe, solle sich selbst »ein fundiertes Verständnis über die damit verbundenen Kreditrisiken verschaffen«. Eine klare Forderung jedoch, die Ratings transparenter und aussagekräftiger zu machen, findet sich in dem Bericht nicht. Kein Wort über die Interessenkonflikte der Rating-Agenturen, keines über die perversen Anreize für die Verkäufer von Hypothekendarlehen. Dass die Modelle zur Bewertung der Kreditrisiken möglicherweise falsch sein könnten, wird ebenfalls nicht erwähnt. Der Bericht des Forums für Finanzmarktstabilität – rückblickend liest er sich wie ein Dokument der Ahnungslosigkeit.

Erst, als es buchstäblich fünf vor zwölf war, kamen einige wenige Ökonomen den Problemen auf die Spur. Allen voran Michael Gibson, ein Wissenschaftler im Forscherstab der US-Notebank Federal Reserve. In einem Arbeitspapier skizzierte er kurz vor Ausbruch der Krise deutlich eine Reihe der später offenkundigen Schwachstellen des Systems. »Eine fundamentale Realität der Kreditderivate ist, dass sie die Kreditrisiken nicht eliminieren, sondern nur verschieben«, schrieb Gibson. »Wenn sich der Kreditzyklus dreht und die Zahlungsausfälle steigen, wird irgendjemand irgendwo Geld verlieren.« Zwischen den Zeilen, aber doch relativ deutlich deutete der Fed-Volkswirt Zweifel an, ob die Marktteilnehmer dies wirklich verstanden hätten. Zudem thematisierte er das heute viel beschworene Risiko, dass ein Kreditderivat platzt, weil der

Vertragspartner pleite geht und seine Pflichten nicht mehr erfüllen kann (»counterparty risk«). Auch die Gefahr, dass die Modelle zur Bewertung und Absicherung der Risiken falsch sein könnten, thematisierte er, ebenso wie die Möglichkeit, dass die Urteile der Rating-Agenturen irreführend und Kreditderivate bei weitem nicht so sicher sein könnten, wie die Top-Ratings auf den ersten Blick suggerierten.

Gibsons Studie mit dem Titel »Credit Derivatives and Risk Management« erschien nur leider viele Jahre zu spät: im Mai 2007 nämlich, auf der Website der Fed. Beachtet wurde sie kaum. Drei Monate nach Erscheinen der Studie Nr. 2007-47 der Federal Reserve Bank brach die Krise aus.

Das Reich der Schattenbanken und die Fehler der Aufseher

Als der Pressechef einer renommierten internationalen Investmentbank im Sommer 2007 die ersten Meldungen über ein insolventes SIV las, das die deutsche IKB Bank in die Tiefe zu reißen drohe, griff er zum Telefon. Am anderen Ende der Leitung: der Risikochef seines Hauses. »Was zum Teufel ist ein SIV?«, wolle der Kommunikationsmann wissen. »Keine Ahnung«, antwortete der Experte, »ich google selber gerade«.

Rückblickend ist es fast unglaublich: Selbst Fachleute, die tief in der Materie steckten und es eigentlichen hätten wissen müssen, konnten mit dem Kürzel »SIV« nichts anfangen. Die Abkürzung steht für »Structured Investment Vehicle«. Das sind Tochterfirmen, die Banken für besonders riskante Geschäfte nutzten und die sich ab Sommer 2007 zu einer entscheidenden Schwachstelle des weltweiten Finanzsystems entwickelten. In den Jahren vor der Krise war ein System von Schattenbanken entstanden, das nicht der Bankenaufsicht unterlag und das selbst Insider kaum durchschauten. Etliche Geldhäuser hatten in den Jahren bis 2007 obskure Ableger gegründet. Häufig waren es kaum mehr als Briefkastenfirmen in Steuerparadiesen – mal mit blumigen Phantasienamen wie »Ormond Quay« (eine Schattenbank der Sachsen LB), mal mit gewollt seriöser Anmutung wie »Rhineland Funding« (Schattenbank der IKB). Praktisch: Diese Tochterfirmen, im Fachjargon auch Zweckgesellschaften oder »Conduits« genannt, mussten in den offiziellen Bankbilanzen nicht aufgeführt werden.

Bis 2007 hatte das Schattenbanksystem eine gewaltige Größe erreicht. In den Vereinigten Staaten waren die traditionellen Banken seit den frühen 90er-Jahren nur noch für 20 Prozent der gesamten Kreditvergabe verantwortlich – der Rest kam aus den Schattenbanken. Und die heimlichen Töchter gingen immer riskantere Geschäfte ein: Anders als ihre Mutterhäuser mussten sie für ihre ausstehenden Kredite kein Eigenkapital zur Seite legen. So agierten sie fast nur mit geliehenem Geld, mit dem sie den Finanzalchemisten ihr Falschgold abkauften – hauptsächlich CDOs, in denen amerikanische Immobilienkredite drinsteckten. Ein waghalsiges Geschäft, das aber bis zum Sommer

2007 stattliche Gewinne abwarf. Schließlich waren die kurzfristigen Zinsen, die die Finanzinstitute bezahlen mussten, extrem niedrig. Von den massiven Risiken, die damit einhergingen, war in den Geschäftsberichten nichts zu sehen – denn die Banken nutzten Schlupflöcher des Bilanzrechts aus.

Und die Geschäfte der Schattenbanken waren brandgefährlich. Die Kredite, mit denen sie sich das Geld für ihre Spekulationsgeschäfte besorgten, hatten in aller Regel eine kurze Laufzeit. Nach drei bis zwölf Monaten mussten sie zurückgezahlt werden, und die Zweckgesellschaften brauchten einen neuen Geldgeber, der ihnen frisches Kapital lieh. Eine höchst wackelige Konstellation: Einerseits hatten die Schattenbanken in extrem lang laufende Wertpapiere investiert – die CDOs wurden oft erst nach 30 Jahren fällig –, andererseits mussten sie ihre eigenen Schulden alle drei bis zwölf Monate refinanzieren. Im Finanzjargon heißt dieses Geschäft »Fristentransformation«. Es ging gut, solange sich immer wieder jemand fand, der bereit war, den langfristig gebundenen Zweckgesellschaften kurzfristig neues Geld zu leihen.

Für den Fall, dass dies einmal nicht klappen sollte, hatten die Banken vorgesorgt: Sie hatten ihren Schattenbanken Kreditlinien eingeräumt, damit sich diese bei Liquiditätsengpässen notfalls refinanzieren konnten. Diese »liquidity backstops« entwickelten sich in der Krise zur Achillesferse des Bankensystems: Denn die Probleme der Zweckgesellschaften griffen dadurch auf die Mutterhäuser über. Eine Lücke in den Vorschriften der Bankenaufsicht erlaubte es den Geldinstituten, diese Garantien nicht in ihren Geschäftsberichten offenzulegen: Bis Ende 2007 mussten Kreditlinien, die kürzer als ein Jahr liefen, nicht mit Eigenkapital unterlegt werden. Für Banken, betont die Bank für Internationalen Zahlungsausgleich im Rückblick, war es »relativ leicht, bestimmte Geschäfte der Kontrolle der Aufsicht zu entziehen«.

Wenn geheime Töchter zum Pflegefall werden

Als im August 2007 unter Investoren die Panik ausbrach, fanden die Schattenbanken urplötzlich niemanden mehr, der ihnen für die nächsten drei bis zwölf Monate neues Geld lieh. Denn keiner traute dem anderen über den Weg, die SIVs konnten sich auf einmal nicht mehr refinanzieren. Die einzige Alternative in dieser Zwangslage wäre – theoretisch – der Verkauf von Vermögenswerten gewesen. Aber der Verkauf der auf Pump gekauften CDOs war den Zweckgesellschaften versperrt – denn Subprime-Wertpapiere waren zur gleichen Zeit, quasi über Nacht, unverkäuflich geworden. Selbst kerngesunde Banken mit einem makellosen CDO-Bestand hätten in einer solchen Situation kaum eine Chance gehabt.

Die IKB Deutsche Industriebank in Düsseldorf war das erste Opfer. Sie galt bis August 2007 als grundsolides, auf den gehobenen Mittelstand spezialisiertes Kreditinstitut. Kaum jemand hatte mitbekommen, dass die Bank neben ihrem Kerngeschäft massiv auf dem US-Immobilienmarkt spekuliert hatte. Ganz groß war die IKB in das Geschäft mit verbrieften, strukturierten Hypotheken eingestiegen. Allein die IKB-Zweckgesellschaft »Rhineland Funding« hatte im Sommer 2007 über 13 Milliarden Euro in amerikanische Immobilienkredite investiert. Vor der Krise waren die Geschäfte höchst profitabel gewesen: Im Geschäftsjahr 2006/2007 hatte die Bank im Geschäftsfeld »Strukturierte Finanzierung« 111 Millionen Euro Gewinn gemacht – gegenüber dem Vorjahr ein Plus von satten 42 Prozent. Mit Verbriefungen verdiente die Bank weitere 108 Millionen Euro. Dass die IKB aber gleichzeitig »Rhineland Funding« eine Notfall-Kreditlinie über 8,1 Milliarden Euro zugesagt hatte, wurde im Geschäftsbericht nicht erwähnt.

Im Sommer 2007 fand die Schattenbank der IKB keine Abnehmer mehr für ihre kurzfristigen Anleihen. Sie konnte sich nicht mehr refinanzieren und musste die Kreditlinie des Mutterhauses in Anspruch nehmen. Das brachte die IKB-Bank selbst an den Rand des Ruins. Nur eine milliardenschwere Nothilfe der bundeseigenen Kreditanstalt für Wiederaufbau rettete das Düsseldorfer Geldhaus vor dem Bankrott.

Hier zeigt sich die bittere Ironie des Schattenbank-Systems: Es führte dazu, dass die Finanzindustrie die Subprime-CDOs nicht nur konstruierte, sondern auch selbst in großem Ausmaß kaufte, und das überwiegend auf Pump. Die meisten Kreditrisiken haben daher das Bankensystem nie wirklich verlassen – und die Verbriefungstechnik hat eines ihrer großen Versprechen, die Risiken besser zu verteilen, nicht erfüllt.

Von den 4 000 Milliarden US-Dollar an Verlusten im Rahmen der Finanzkrise, die der IWF im Frühjahr 2009 prognostizierte, fallen fast 2 500 Milliarden (also über 60 Prozent) bei Banken an. Versicherungen müssen 300 Milliarden Dollar tragen, die staatlichen US-Immobilienfinanzierer Fannie Mae und Freddi Mac 250 Milliarden. Nur ein Viertel der Verluste – rund 1 000 Milliarden Dollar – fällt laut IWF in Hedge-Fonds, Pensionskassen und anderen Nichtbanken an. »Das Ausmaß der Kreditkrise geht darauf zurück, dass nicht alle faulen Kredite an Investoren außerhalb des Bankensektors weitergereicht wurden«, stellt Princeton-Ökonom Hyun Song Shin fest. »Vielmehr blieben die ›heißen Kartoffeln‹ innerhalb des Finanzsystems. Sie liegen in den Bilanzen der größten und versiertesten Finanzdienstleister.«

Die Bankenaufsicht gießt Öl ins Feuer

Verschärft wurden das Finanzmarkt-Chaos und seine Folgen für die Realwirtschaft durch Bilanz- und Regulierungsregeln. »Wenngleich die Wurzeln der Krise eindeutig am Finanzmarkt zu suchen sind, kommt man doch nicht um den Eindruck herum, die Rechnungslegung hätte zu ihrer Verschärfung beigetragen«, schreibt Peter Leibfried, Professor für Rechnungswesen an der Universität St. Gallen. Die bittere Ironie des Schicksals ist: Etliche dieser Vorschriften hatten die Industriestaaten erst wenige Jahre zuvor eingeführt – mit der Absicht, das System sicherer zu machen. So waren Banken in Europa ab 2005 gezwungen, die Wertpapiere, die sie besaßen, zum jeweils aktuellen Marktpreis in ihren Bilanzen zu verbuchen – und nicht, wie früher üblich, zum Anschaffungspreis.

Diese so genannte Fair-Value-Bilanzierung führte dazu, dass der Zustand der Bankbilanzen stark von den aktuellen Marktentwicklungen abhängt. Solange es an den Börsen nach oben geht, sehen die Bankbilanzen sehr gut aus – das erlaubt es den Geldhäusern, viele neue Kredite zu vergeben, was den Boom weiter verschärft. Kollabieren aber die überhitzten Aktienmärkte, fallen die Bilanzen der Banken wie ein Kartenhaus in sich zusammen – sinkende Börsenkurse zehren das

Eigenkapital der Institute auf. Weil Banken für jedes neue Darlehen eine bestimmte Summe Eigenkapital auf die Seite legen müssen, bedeutet das: Die Geldinstitute können weniger neue Kredite vergeben und müssen im Zweifel bestehende Kreditlinien kappen. Für Industrieunternehmen wird es dadurch schwieriger, neue Investitionen zu finanzieren. Die Fair-Value-Bilanzierung führt also zu einer prozyklischen Kreditvergabe: Im Aufschwung ist sie größer, im Abschwung kleiner.

Weil im Crash das Eigenkapital der Geldinstitute schrumpft, müssen die Institute auch ihre Verschuldung zurückfahren. Sie sind zum Verkauf von auf Pump erworbenen Wertpapieren gezwungen – ein Prozess, der in der Bankersprache als »de-leveraging« bezeichnet wird. Das verschärft den Abwärtssog drastisch, weil schon vergleichsweise geringe Kursverluste an den Wertpapiermärkten die Banken zu großen Korrekturen zwingen. Ein Zahlenbeispiel verdeutlicht den Mechanismus: Stellen wir uns vor, eine Bank hätte 20 Euro Eigenkapital und würde sich für Spekulationsgeschäfte weitere 80 Euro leihen. Auf einen Euro Eigenkapital kommen also vier Euro Fremdkapital – Finanzfachleute sprechen von einem Hebel (»Leverage«) von 4. Für die 100 Euro kauft das Institut Aktien. Wenn die um 5 Prozent an Wert verlieren, sind sie nur noch 95 Euro wert. An der Höhe der Schulden aber ändert sich nichts – der gesamte Verlust muss daher vom Eigenkapital der Bank aufgefangen werden, das auf 15 Euro sinkt. Dann stehen 80 Euro Schulden nur noch 15 Euro Eigenkapital gegenüber. Der »Schuldenhebel« steigt von 4 auf 5,3. Um das alte Verhältnis von Eigen- und Fremdkapital zu erreichen, hat die Bank zwei Alternativen: Entweder muss sie sich fünf Euro neues Eigenkapital besorgen – oder Aktien im Wert von 20 Euro verkaufen.

Ist das Vertrauen in die Finanzbranche angeschlagen, ist neues Eigenkapital schwieriger zu bekommen. Die Banken sind dann zunehmend zu Notverkäufen von Wertpapieren gezwungen. Sehr schnell bringt dies den gesamten Finanzmarkt weiter unter Druck. Käufer sind in solchen Situationen rar – die Preise für die Wertpapiere fallen nicht selten ins Bodenlose. Das Ganze kann leicht zum Teufelskreis werden: Die Notverkäufe der Banken drücken die Kurse, was zu weiteren Abschreibungen und Wertberichtigungen in den Bilanzen zwingt und eine neue Runde von Notverkäufen ins Rollen bringt.

Selbst Institute, die eigentlich kerngesund sind, können durch die Aktionen anderer Geldhäuser in massive Schwierigkeiten geraten. Exakt diese Dynamik war es, die im Herbst 2008 das Weltfinanzsystem ins Kippen brachte.

Auch eine zweite Neuerung der Bankenaufsicht zeigte sich in der Krise als Brandbeschleuniger: die 2001 erarbeiteten und seit 2007 in Europa geltenden Eigenkapitalvorschriften »Basel II«. Bei der Frage, wie viel Eigenkapital eine Bank für einen Kredit zurücklegen muss, müssen Banken seitdem die Bonität ihrer Schuldner individueller berücksichtigen. Je wahrscheinlicher ein Zahlungsausfall, desto mehr Eigenkapital muss ein Geldhaus zur Seite legen. Was im ersten Moment wie eine vernünftige Idee klingt, hat in der Praxis erhebliche Tücken – denn es wirkt stark prozyklisch. Im Aufschwung ist die Gefahr von Zahlungsausfällen gering, dann müssen die Banken nur wenig Eigenkapital hinterlegen und können mehr neue Kredite vergeben. Kommt es dann aber zu einer Rezession, geraten immer mehr Firmen in Zahlungsschwierigkeiten. Dann sind die Banken gezwungen, mehr Eigenkapital bereitzustellen. Dies führt im Zweifel dazu, dass sie Unternehmen Kreditlinien kündigen und eine Rezession verschärfen.

So überraschend und unerwartet viele andere Probleme in der Krise selbst für Fachleute waren – vor diesem Geburtsfehler von »Basel II« haben namhafte Ökonomen schon früh und massiv gewarnt. Die neuen Eigenkapitalvorschriften würden prozyklisch wirken, betonte schon im Jahr 2001 eine Wissenschaftlergruppe der London School of Economics (LSE): »Wir haben die ernste Sorge, dass die Vorschläge die Krisenanfälligkeit des Finanzsystems erhöhen und dem Zweck der Übung zuwiderlaufen. Überdenken Sie das Ganze, bevor es zu spät ist.«

Das aber wollte damals kaum jemand hören. »Die Regulierer zeigten sich als ausgesprochen beratungsresistent«, lautete im Dezember 2005 die Bilanz von Norbert Häring, dem Geldpolitik-Experten des *Handelsblatt*. »Viel zu sehr waren sie mit einem Lobbykrieg beschäftigt, der umgehend ausbrach – zwischen den Banken verschiedener Nationen, den deutschen Geschäftsbanken und dem Sparkassensektor, zwischen kleinen und großen Banken und zwischen verschiedenen Bankengruppen. Jeder kämpfte darum, dass er nicht mehr teures Kapital vorhalten musste als die Konkurrenz.«

Banker, Boni und leichte Beute

Paul Lux erkannte sie immer sofort, und sie waren seine liebsten Kunden. Ihre piekfeinen dunklen Anzüge waren noch ein bisschen schicker als bei gewöhnlichen Geschäftsleuten, ihre Telefonate länger und ihre Trinkgelder großzügiger. »Die Investmentbanker«, sagt der langjährige Münchener Taxifahrer, »das waren schon ganz besondere Typen.« Früh morgens, mit der ersten Maschine aus London oder Frankfurt, kamen sie in München an, stiegen mit dem Telefon am Ohr in Lux' Mercedes und ließen sich dann in die Stadt fahren. Schon am gleichen Abend ging es oft wieder retour. »Erkennen konnte man die Investmentbanker auch gut daran, dass sie immer mit Kreditkarte bezahlt haben«, erzählt Lux. Seit Ende 2008 seien sie verschwunden – und mit ihnen ein wichtiger Teil des Geschäfts. Um rund 25 Prozent, schätzt er, ist sein Umsatz im Zuge der Wirtschaftskrise gesunken.

Die Investmentbanker waren die Produkte eines über zweieinhalb Jahrzehnte anhaltenden massiven Booms im Bankensektor. Mit der Konstruktion und dem Handel von allerlei innovativen Finanzprodukten verdienten sie prächtig. Zwischen 1998 und 2006 stiegen die Bankgewinne in den Vereinigten Staaten im Durchschnitt um 300 Prozent, die aller anderen Unternehmen um nur 130 Prozent. Selten hat sich eine schon lange existierende Branche in so kurzer Zeit so extrem aufgebläht wie das Investment-Banking in den 80er- und 90er-Jahren.

Dabei war der stärkste Gewinntreiber an der Wall Street nicht etwa das klassische Geschäft, wie das Organisieren von Fusionen, Übernahmen und Börsengängen, sondern der Wertpapierhandel. Die Geldinstitute verdienten daran auf vielfache Weise: Erst kreierten Wall-Street-Banker neue Wertpapiere, zum Beispiel Hypothekenanleihen, dann verwandelte ein zweites Finanzhaus diese in strukturierte Wertpapiere. Ein drittes verkaufte Versicherungen gegen den Ausfall der Zahlungsströme aus diesen Wertpapieren, ein viertes agierte quasi als Rückversicherer für Verkäufer dieser Versicherungen. All dies ließ man sich natürlich mit Gebühren bezahlen. Ein paar Dollar fielen dann noch ab, weil Investoren diese Papiere immer mal wieder hin und her schoben. Außerdem brauchten die Schattenbanken, Hedge-Fonds und andere Investoren, die solche Papiere kauften, für ihre Geschäfte Kredite, die den Banken zusätzliche Erträge brachten.

Es zählte nur der schnelle Erfolg

In der Branche zählte nur eines: der kurzfristige Erfolg. Ein Großteil der Gehälter wurde nicht als Fixum, sondern als erfolgsabhängige Boni ausgezahlt. Ihre Höhe hing ausschließlich von der Entwicklung im vorangegangenen Geschäftsjahr ab. Banker hatten daher starke Anreize, kurzfristig Geschäfte zu generieren. Die langfristigen Interessen ihrer Kunden im Auge zu behalten, das wurde dagegen nicht belohnt. »Riskante Strategien zahlten sich für Aktieninhaber (wegen der beschränkten Haftung) und für Portfoliomanager (wegen der Vergütungsmodelle) übermäßig stark aus: Sie partizipierten am Gewinn, während Verluste allein Sache der Gläubiger (oder des Staates!) waren«, schreibt die Bank für Internationalen Zahlungsausgleich (BIZ) im Rückblick. Wer zum Beispiel ein Hypothekendarlehen oder ein CDO verkaufte und nur nach seinem aktuellen Absatz bezahlt wurde, dem konnte es herzlich egal sein, ob die von ihm vertriebenen Finanzprodukte später implodierten. »Die Vergütungsmodelle boten Managern einen Anreiz mehr, auf kurzfristige Erträge zu setzen und die langfristige Entwicklung außer Acht zu lassen«, betont die BIZ. Im gesamten Finanzsektor sei es daher möglich gewesen »Gewinne zu früh, zu leicht und nicht risikogerecht zu verbuchen«.

Ganz ähnlich argumentiert eine von der EU-Kommission einberufene Expertengruppe um den französischen Finanzfachmann Jacques de Larosière in einem im Februar 2009 veröffentlichten Bericht. Die Prinzipien guter Unternehmensführung (»Corporate Governance«) seien in der Finanzbranche auf ganzer Linie missachtet worden. »Es besteht kein Zweifel, dass das Finanzsystem insgesamt seine Aufgabe nicht im langfristigen Interesse der Beteiligten erfüllt hat.« Die meisten Anreize hätten Finanzinstitute ermutigt, »so viel Gewinn wie möglich zu machen«. Dabei hätten Kreditqualität und Vorsichtsprinzip eine immer geringere Rolle gespielt.

Weil Aktionäre und Analysten von Banken hohe Eigenkapitalrenditen forderten, so die Experten, hätten diese ihre Geschäfte zunehmend auf Pump finanziert. Den Eigentümern habe das höhere Renditen gebracht, aber: »Dieser Anreiz des privaten Sektors, den Fremdfinanzierungsanteil zu erhöhen, hat nicht nur einzelne Finanzinstitute anfällig, sondern auch das Finanzsystem insgesamt instabil gemacht«, lautet das Fazit der BIZ.

Viele Investmentbanker hatten den großen Ehrgeiz, spätestens bis Mitte 40 so viel Geld zur Seite zu schaffen, dass sie danach nicht mehr arbeiten müssen. Und das war ein durchaus realistisches Ziel. 2006 schüttete die Finanzbranche allein in London neun Milliarden Pfund an Bonuszahlungen an das Personal aus. Das viele Geld hatte bizarre Auswirkungen. So legten sich bei den Londoner Schönheitschirurgen immer mehr männliche Patienten unters Messer. »Dabei geht es, wohlgemerkt, nicht um die überspannten Symptome einer massiven Midlife Crisis oder um den hormongetriebenen Versuch, das andere Geschlecht zu beeindrucken«, schrieb Michael Maisch, London-Korrespondent des *Handelsblatt*, im November 2006. »Nein, hinter dem neuen emanzipatorischen Trend steckt oft nackte Existenzangst. Wer in der gnadenlosen Leistungsgesellschaft des Investment-Bankings Erfolg haben will, muss jung und dynamisch wirken – auch von außen.«

Gehaltsexzesse wie 1929

Kurz vor der Krise war die Finanzindustrie eine der profitabelsten Branchen überhaupt: In den USA entstanden dort fast 30 Prozent aller Unternehmensgewinne – und das, obwohl der Sektor nur rund acht Prozent der Wirtschaftsleistung beisteuerte. Wie eine Supernova hatte sich die Finanzindustrie aufgebläht, und ihr Personal war schon seit Mitte der 90er-Jahre systematisch und massiv überbezahlt. Zu diesem Fazit kommt eine Studie der Forscher Thomas Philippon (New York University) und Ariell Reshef (University of Virginia).

Gut ausgebildete Akademiker konnten im vergangenen Jahrzehnt im Finanzsektor deutlich mehr verdienen als in anderen Branchen, und ihre Gehälter stiegen überproportional. Besonders extrem war die Entwicklung im Wertpapierhandel und im Investment-Banking. Zwar müssten Banken hoch qualifizierte Mitarbeiter, die Börsengänge organisieren, Kreditrisiken bewerten und andere komplexe Aufgaben übernehmen, entsprechend bezahlen, räumen die Forscher ein. Doch seien die fürstlichen Gehälter, die ab Mitte der 90er-Jahre üblich waren, mit solchen Argumenten allein nicht mehr zu rechtfertigen. Nur 50 bis 70 Prozent der Lohnunterschiede zur restlichen Privatwirtschaft ließen sich mit den höheren Anforderungen der Finanzbranche erklären. Die restlichen 30 bis 50 Prozent seien leistungsloses Einkommen, so die Studie – eine ungerechtfertigte »Rente«, wie es Ökonomen nennen.

Sie manifestierte sich im Zweit-Porsche des Investmentbankers, seiner Villa in bester Londoner Lage und seiner Hacienda auf Mallorca. »Wer gut mit Banken wie der WestLB und der IKB im Geschäft war und denen viele CDOs verkaufte, der hat heute ausgesorgt«, erzählt eine Londoner Investment-Bankerin, die damals strukturierte Wertpapiere vertrieb und heute dieselben Kunden dabei berät, ihre Wertpapier-Portfolios zu restrukturieren.

Zu den Gehaltsexzessen in der Finanzbranche gibt es eine erstaunliche historische Parallele, stellen die Ökonomen Philippon und Reshef in ihrer Studie fest. Ähnlich gut waren die Verdienstmöglichkeiten an der Wall Street ab Mitte der 20er-Jahre – unmittelbar vor dem Börsencrash und der Großen Depression. Damals wie heute war die »Entlohnung der Angestellten in der Finanzindustrie zu hoch, als dass sie mit einem nachhaltigen Arbeitsmarkt-Gleichgewicht hätte einhergehen können«.

Ein zentraler Faktor für die Gehaltsexzesse in der Finanzbranche dürfte die laxe Regulierung des Bankensektors gewesen sein – und die Tatsache, dass dieses Pyramidensystem stetig steigende, astronomische Gewinne bringt, so lange es nicht in die Luft fliegt. Es war einfach mehr Geld da, und deshalb konnten die Banken mehr zahlen – in den 20er-Jahren ebenso wie sieben Jahrzehnte später. Zwischen Regulierungsdichte und Entlohnung im Bankensektor besteht laut Studie ein enger Zusammenhang. Nach der Großen Depression hatte die US-Regierung den Banken Daumenschrauben angelegt; parallel dazu hatten die Banker ihren Gehaltsvorsprung gegenüber der restlichen Wirtschaft verloren. Mit der Deregulierung der Branche in den 80er-Jahren änderte sich das wieder.

Dass es bei den enormen Profiten, die die Finanzbranche in den Jahren vor der Krise verdiente, vielleicht nicht ganz mit rechten Dingen zuging und der Markt nicht richtig funktionierte, hätte auch Alan Greenspan auffallen können. Auf effizienten Märkten, schreibt er in seiner Autobiografie, können Unternehmen auf Dauer keine übermäßigen Gewinne erzielen – eine richtige Erkenntnis, die zu Recht zum gesicherten Basiswissen der Volkswirtschaftslehre gehört. »Übermäßige Gewinne sind ein Zeichen, dass die Verbraucher übers Ohr gehauen werden«, schreibt Greenspan. Genau das war in der Finanzbranche ja auch jahrelang der Fall.

Viele leichte Opfer

Und die Bankberater haben dabei in der Regel leichtes Spiel. Denn die meisten Menschen sind in Sachen Geldanlage schlichtweg überfordert. Wie sehr, führt ein spektakuläres Experiment von Ökonomen der Universitäten Yale und Harvard vor Augen. Die Forscher James Choi, David Laibson und Brigitte Madrian gaben hunderten Versuchspersonen die stets gleiche Aufgabe: Die Probanden – MBA-Studenten der amerikanischen Elite-Hochschule Wharton und Verwaltungspersonal der Harvard-Universität – sollten entscheiden, wie sie 10 000 US-Dollar an der Börse investieren. Innerhalb einer gewissen Frist anfallende Erträge durften die Teilnehmer behalten. Für mögliche Kursverluste mussten sie nicht geradestehen.

Zur Auswahl standen vier reale Indexfonds, die allesamt den US-Aktienindex Standard & Poor's 500 (S & P 500) nachbilden. In Deutschland sind solche passiv gemanagten Aktienfonds unter dem Kürzel »ETF« bekannt, das für »Exchange Traded Funds« steht. Jeder Proband konnte seine 10 000 Dollar beliebig auf die vier Indexfonds aufteilen. Die optimale Anlagestrategie war eigentlich recht simpel: Am besten wäre es, die 10 000 Dollar komplett in den Fonds mit den niedrigsten Gebühren zu investieren. Schließlich ist die Wertentwicklung aller vier Fonds identisch, sie folgt ja eins zu eins dem S & P-Index. Der einzige Faktor, über den der Anleger die Erträge beeinflussen kann, sind die Gebühren. Und da gab es erhebliche Unterschiede: Beim teuersten Fonds summierten sich Ausgabeaufschlag und Verwaltungsgebühr für 10 000 Dollar auf 648 Dollar pro Jahr, beim billigsten waren es 310 Dollar.

Im Versuch traf so gut wie kein Anleger die richtige Entscheidung. Fast alle teilten ihre 10 000 Dollar auf mehrere Fonds auf, zahlten zu viele Gebühren und verschenkten bares Geld. Besonders große Fehler machte, wer nur den Verkaufsprospekt zur Verfügung hatte. Wem das Prinzip von Index-Fonds oder die Gebühren genau erklärt wurden, der lehnte die teuren Fonds eher ab. Von der optimalen Anlageentscheidung waren aber auch diese Probanden weit entfernt.

Das Phänomen lässt sich leicht erklären. Fast alle Probanden orientierten sich an einer irrelevanten Information, die sie von der Versuchsleitung bekamen: der Wertentwicklung des Fonds in der Vergangenheit. Natürlich ist diese bei allen vier S & P-Fonds identisch, da sie der Entwicklung des Indexes entspricht. In den Verkaufsprospekten wurde aber die durchschnittliche Rendite des Fonds seit seiner Einführung angegeben. Da alle vier zu unterschiedlichen Zeitpunkten aufgelegt wurden, fielen diese Angaben unterschiedlich aus. Die Wissenschaftler hatten die Fonds bewusst so ausgesucht, dass derjenige, der auf dem Papier die höchste Performance der Vergangenheit aufwies, auch der teuerste war.

»Investoren werden stark durch die historischen Erträge beeinflusst«, stellten die Forscher fest. Für das Anlageverhalten der Testpersonen habe es kaum eine Rolle gespielt, ob sie diese Daten mühsam aus dem Verkaufsprospekt heraussuchen mussten oder ob sie ihnen mundgerecht serviert wurden. Die zentrale Rolle, die die Fondsgebühren für den Anlageerfolg spielen, würden die meisten Menschen nicht verstehen – selbst, wenn man ihnen die Kosten genau vorrechne.

Die Quintessenz der Studie ist ernüchternd: Selbst unter Laborbedingungen und versorgt mit objektiven Informationen, treffen die meisten Menschen systematisch Fehlentscheidungen. Für Bank-»Berater«, die einfache psychologische Tricks beherrschen und im Zweifel auch vor bewussten Falschinformationen nicht zurückschrecken, sind die meisten Kunden also ziemlich leichte Beute – erst recht solche, die eine geringe Schulbildung haben und wenig über Geldanlage wissen. Für solche besonders gutgläubige Anleger, die sich bereitwillig jedes auch noch so fragwürdige Finanzprodukt andrehen lassen, hat sich in der deutschen Finanzbranche eine zynische Abkürzung etabliert: »LEOs« werden diese Kunden im internen Jargon genannt – »leicht erreichbare Opfer«.

Teil II:
Der Kampf mit der Krise – Abwehrschlacht an vielen Fronten

Helfer ohne Plan

Hoch und heilig hatten es US-Notenbankchef Ben Bernanke, EZB-Chef Jean-Claude Trichet und andere Entscheidungsträger immer wieder versprochen: Die Politik werde alles, aber auch alles tun, um die Finanzkrise in den Griff zu bekommen. Warum ist die Situation dennoch so sehr außer Kontrolle geraten? Warum musste die Welt im Herbst 2008 in den Abgrund schauen, obwohl die zugrundeliegenden Probleme schon seit Sommer 2007 bekannt waren?

Auch auf diese Frage gibt es keine eindeutige und einfache Antwort. Zum einen waren die Fehler im Finanzsystem weit größer als vermutet und die Altlasten, die die Geldhäuser in ihren Bilanzen angehäuft hatten, einfach gigantisch. Selbst, wenn Notenbanker und Politiker ab August 2007 alles richtig gemacht hätten – selbst dann wäre die Krise ein Jahr später längst nicht ausgestanden gewesen. Zum anderen *haben* Zentralbanken und Regierungen eben eine Reihe von Fehlern gemacht – und so tragen sie zumindest eine Teilschuld daran, dass sich die Lage immer weiter zugespitzt hat.

Krise? Welche Krise?

Mehr als ein Jahr lang versuchten viele wichtige Entscheidungsträger, die Probleme schönzureden. So gab sich zum Beispiel Ben Bernanke noch Mitte Mai 2007 zuversichtlich, die Probleme auf dem amerikanischen Immobilienmarkt seien vernachlässigbar. »Wir glauben, dass die Probleme des Subprime-Sektors nur sehr begrenzten Einfluss auf den Rest des Immobilienmarktes haben werden«, sagte er damals in einer Rede in Chicago. An der US-Konjunktur und den Banken würde all dies spurlos vorbeigehen, versicherte Bernanke: »Wir rechnen nicht mit nennenswerten Folgen für den Rest der Wirtschaft oder das Finanzsystem.« Ein knappes halbes Jahr später, im Oktober 2007, betonte er immer noch: »Das Bankensystem ist gesund.« Dank der Zinssenkungen und Liquiditätshilfen habe sich die Lage beruhigt. »Der schlimmste Sturm« sei vorüber.

Tatsächlich hatte er noch gar nicht richtig angefangen. Anfang 2008 kollabierten die Aktienmärkte, im März stand mit Bear Stearns die erste wichtige amerikanische Investmentbank vor dem Kollaps. In letzter Minute fädelte die Federal Reserve die Rettung des Instituts ein: Mit finanzieller Hilfe der Fed wurde es von der Großbank J. P. Morgan Chase übernommen. Und wieder glaubten die Notenbanker und Politiker, endlich das Schlimmste hinter sich zu haben. »Der extreme Stress an den Finanzmärkten scheint abzuklingen«, freute sich Frederic Mishkin – damals zweiter Mann bei der Fed und heute wieder Professor an der Columbia University – Anfang Juli 2008. »Es gibt wieder zögerliche Lebenszeichen.«

Noch stärker neben der Spur lagen die Geldpolitiker in Kontinentaleuropa. Anfang Juli 2008 erhöhte die Europäische Zentralbank (EZB) die Leitzinsen um 0,25 Prozentpunkte auf 4,25 Prozent. Mitten in der schlimmsten Finanzkrise seit der Großen Depression zogen die europäischen Währungshüter die geldpolitischen Zügel straffer. Ihre größte Sorge galt damals der Inflation, die wegen der hohen Rohölpreise gestiegen war. Eine falsche Entscheidung, wie die EZB drei Monate später indirekt zugeben musste: Im Oktober 2008 nahm sie ihren Zinsschritt wieder zurück. Danach senkte sie innerhalb von wenigen Monaten die Leitzinsen im Euroraum von 4,25 auf nur noch ein Prozent.

Keine zweieinhalb Monate, nachdem Mishkin Entspannung auf den Finanzmärkten ausgemacht und die EZB die Zinsen erhöht hatte, erlebte das weltweite Finanzsystem den Kollaps: Anfang September 2008 rettete die US-Regierung noch in höchster Not die beiden halbstaatlichen Hypothekenfinanzierer Fannie Mae und Freddie Mac, Mitte des Monats fädelte die Fed die Übernahme der kurz vor der Pleite stehenden Investmentbank Merrill Lynch durch die Bank of America ein. Für die Investmentbank Lehman Brothers dagegen, die in noch schlechterer Verfassung war, fand sich kein Käufer – Fed und Finanzministerium ließen sie fallen. Am 15. September 2008 meldete das 1850 von deutschen Einwanderern gegründete Institut Insolvenz an. »Apocalypse now«, galt danach auf den weltweiten Finanzmärkten. Der 15. September 2008, er war ein finanzieller 11. September. Wenige Tage später fing der amerikanische Steuerzahler den Versicherungsgiganten AIG auf.

Eine besonders schlechte Figur machte die deutsche Finanz- und Wirtschaftspolitik in der Krise. Wenn die US-Politik den Ereignissen einen Schritt hinterher hinkte, kamen Bundeskanzlerin Angela Merkel und Bundesfinanzminister Peer Steinbrück stets zwei oder drei Schritte zu spät. Bis weit in den Herbst 2008 schätzte die Bundesregierung die Lage katastrophal falsch ein – und versäumte es, sich frühzeitig auf den Tag X vorzubereiten. Bundesfinanzminister Peer Steinbrück war noch Anfang September 2008 im Bundestag überzeugt, die deutsche Bankenlandschaft werde von der Finanzkrise nicht ernsthaft in Mitleidenschaft gezogen. Die Auswirkungen auf die Konjunktur seien spürbar, aber begrenzt. Die Regierung hielt an ihrer optimistischen Wachstumsprognose für 2009 fest.

Nach der Lehman-Pleite sträubte sich die Bundesregierung dann wochenlang gegen die Forderung der US-Regierung, ein systematisches Rettungspaket für die Banken nach amerikanischem Vorbild aufzulegen. Die Situation in den USA sei von ihrer Schärfe her nicht mit der Lage in den anderen sechs Staaten der G7-Gruppe vergleichbar, versicherte Steinbrück am 21. September nach einer 45-minütigen Telefonkonferenz der G-7-Finanzminister. Einen Bankenrettungsschirm nach amerikanischem Vorbild brauche Deutschland daher nicht. Steinbrücks damaliger Kabinettskollege Michael Glos, für das Wirtschaftsressort zuständig, bezeichnete am gleichen Tag die Krise in den USA als »Sonderproblem«. Dabei waren es doch deutsche Banken wie die IKB und die SachsenLB, die schon im August 2007 zu den ersten Opfern der Finanzkrise gehört hatten.

Was die Öffentlichkeit nicht wusste: Als die Herren Minister diese Interviews gaben, war der Münchener Immobilienfinanzierer Hypo Real Estate (HRE) schon ins Wanken geraten. Und einiges deutet darauf hin, dass die Politik in Berlin schon frühzeitig über die Probleme bei dem Dax-Konzern Bescheid wusste. So berichtete das Magazin *»Der Spiegel«* im Juni 2009, das Bundesfinanzministerium sei dank der Ermittlungsarbeit der Bankenaufsicht BaFin schon im Januar 2008 informiert gewesen, dass bei der HRE Risikopositionen im zweistelligen Milliardenbereich schlummerten. »Die intensive

Befragung des Vorstandes führte zur Aufdeckung von Sachverhalten«, habe BaFin-Chef Jochen Sanio an Staatssekretär Jörg Asmussen geschrieben und vor einer »erschreckenden Größenordnung« gewarnt. Nur Milliardenhilfen des Staates konnten Ende September 2008 den unkontrollierten Zusammenbruch der HRE verhindern – das staatliche Hilfspaket summiert sich auf mehr als 87 Milliarden Euro.

Erst nach dem Beinahe-Kollaps des Instituts dämmerte der Bundesregierung, dass es so nicht mehr weitergehen konnte. »Wir müssen jetzt versuchen, über eine singuläre Lösung bei Hypo Real Estate in Deutschland insgesamt einen Schirm zu spannen, damit wir nicht von einem Fall zu dem anderen Fall geraten«, sagte Steinbrück Anfang Oktober. Die Situation an den deutschen Finanzmärkten sei »hoch gefährlich«. Nichts sei auszuschließen, die Regierung könne lediglich dafür sorgen, »dass nicht andere Dominosteine umfallen«.

Dieses Muster – die Probleme lange zu negieren und erst kurz vor Ultimo eine Kurskorrektur vorzunehmen – wiederholte sich dann bei den Diskussionen um staatliche Konjunkturpakete und um die Gründung einer »Bad Bank«, die den Finanzinstituten faule Kredite abnimmt. Stets verschenkte die Bundesregierung mit ihrem Zögern wertvolle Zeit – in einer Situation, in der jede Sekunde zählt. Nebenbei setzte sie mit ihrem permanenten Schlingerkurs das Vertrauen der Bevölkerung aufs Spiel.

Kreislaufstabilisierung mit kreativen Mitteln ...

Rückblickend besteht wenig Zweifel: Notenbanker und Finanzpolitiker in den USA und Europa sind mitverantwortlich für die Eskalation der Finanzkrise. Nicht nur, weil sie die Probleme lange Zeit schöngeredet haben. Sondern auch, weil sie den Charakter der Krise lange Zeit falsch einschätzten, ebenso wie das Ausmaß der Probleme im Bankensektor. Die Konsequenz: Ab Sommer 2007 dachte die Politik, sie würde die Ursachen der Krise bekämpfen – in Wirklichkeit aber dokterte sie nur an den Symptomen herum.

Bis zum Herbst 2008 hieß das wichtigste Gegenmittel der Politik: Liquidität für den Geldmarkt. Dieser Markt, mit dem Otto Normalverbraucher wenig zu tun hat, ist für den Zahlungsverkehr zwischen Banken und das Funktionieren der Realwirtschaft von zentraler Bedeutung: Die Geldinstitute handeln dort untereinander mit Bargeld und gewähren sich sehr kurzfristig – oft über Nacht oder für wenige Wochen – gegenseitig Kredite, in der Regel ohne Sicherheiten. In den Industrieländern werden auf diese Weise täglich Billiarden Dollar und Euro hin und her bewegt. Ohne diese Geschäfte könnten die Banken ihre Zahlungsverpflichtungen nicht erfüllen. »Der Geldmarkt ist das Herz der Finanzwelt«, erklärte der »Spiegel« seinen Lesern im August 2007. »Er sorgt quasi für die Blutzirkulation.«

Die Zinsen für solche Geldmarktkredite lagen jahrzehntelang nur minimal über den Leitzinsen der Zentralbank: Ganze 0,1 Prozentpunkte betrug die Zinsdifferenz, im Finanzjargon »Spread« genannt. Bei Leitzinsen von 2,5 Prozent beispielsweise lagen die Geldmarktzinsen bei etwa 2,6 Prozent. Anfang August 2007 jedoch, als die Finanzkrise ihren ersten Höhepunkt erreichte und der Geldmarkt urplötzlich austrocknete, wurde das anders: Die Geldmarktzinsen explodierten. Innerhalb von zwei Tagen verzehnfachte sich der Spread von 0,1 auf rund einen Prozentpunkt. Derartige Zinsdifferenzen sind Gift für Finanzsystem und Realwirtschaft: Sie verteuern für Banken die Refinanzierung und für Schuldner die Kredite. Zudem schränken sie den Handlungsspielraum der Notenbanken ein: Wenn diese die Leitzinsen senken, kommt das nicht mehr so unmittelbar in der Wirtschaft an – die hohen Zinsdifferenzen schwächen die Wirkung ab. Beträgt der Spread beispielsweise ein Prozent, lägen die Geldmarktzinsen selbst bei einem Leitzins von Null noch bei einem Prozent.

Niedrigere Zinsdifferenzen waren daher im Kampf der Notenbanken gegen die Krise eines der wichtigsten Ziele. Ab September 2007 prügelte die Fed die Leitzinsen im Eiltempo nach unten, außerdem pumpte sie gemeinsam mit den anderen großen Notenbanken weltweit Hunderte von Milliarden Dollar in den Geldmarkt. Die Zentralbanken schufen dafür eine Reihe unkonventioneller geldpolitischer Instrumente – hauptsächlich neue, großzügigere Kreditlinien zum Ankauf von Vermögenswerten durch die Fed, im Notenbank-Jargon »Fazilitäten« (englisch: »facility«) genannt. Diese Finanzinstrumente werden gerne mit Akronymen wie »TAF« (»Term Auction Facility«), »TSLF« (»Term Securities Lending Facility«) oder »CPFF« (»Commercial Paper Funding Facility«) abgekürzt. Letztlich dienen sie alle einem Ziel: Sie sollen es den Geschäftsbanken erleichtern, sich direkt bei den Notenbanken mit Liquidität zu versorgen.

Konkret weitete die Federal Reserve Bank zum Beispiel das Spektrum an Wertpapieren, die Banken als Sicherheiten für Kredite bei ihr hinterlegen müssen, deutlich aus – ebenso wie die Laufzeiten dieser Darlehen. Und im März 2008 räumte die Fed erstmals auch den Investmentbanken direkte Kreditlinien zur Refinanzierung ein. Manche Notenbanken wie die Fed versuchten sogar teilweise, den paralysierten Bankensektor zu umgehen und Unternehmen aus der Realwirtschaft direkt mit Krediten zu versorgen.

In gewisser Hinsicht war diese Politik erfolgreich. Die Notenbanken hielten damit den Zahlungsverkehr am Leben und verhinderten seinen totalen Kollaps, der unabsehbare Folgen für die Weltwirtschaft gehabt hätte. Es gelang ihnen allerdings nicht, die Lage auf den Finanzmärkten nachhaltig zu stabilisieren. Die hohe Zinsdifferenz zwischen Geldmarkt- und Leitzins blieb erhalten. Im Oktober 2008, nach der Lehman-Pleite, schnellte sie sogar nochmals von einem auf 3,5 Prozentpunkte hoch. Auch Monate später lag sie deutlich höher als vorher. Wie sehr sich die Zeiten geändert haben, zeigt ein Bericht, der Mitte Mai 2009 in der Online-Ausgabe des *»Handelsblatts«* erschien ist. Die Lage im Finanzsektor, so der Tenor, habe sich endlich wieder entspannt, die Spreads auf dem Geldmarkt seien spürbar gefallen. Mit 0,8 Prozentpunkten in Europa und 0,6 Punkten in den USA waren die Zinsaufschläge zu diesem Zeitpunkt allerdings immer noch deutlich höher als vor der Krise. Dies, so stellte die Bank für Internationalen Zahlungsausgleich (BIZ) Ende Juni 2009 in ihrem Jahresbericht fest, hänge »zum Teil mit anhaltend starken Unsicherheiten über das Ausmaß und die Wirksamkeit der staatlichen Unterstützungsmaßnahmen zusammen«.

Im Rückblick ist klar: Die Liquiditätsschwierigkeiten der Banken waren nicht die Ursache der hohen Spreads, sondern nur ein äußerliches Symptom für ein tiefer liegendes

Problem: Die Banken trauten sich gegenseitig nicht mehr über den Weg. Schließlich konnte das Institut, dem man heute auf dem Geldmarkt Kredit gewährt, morgen schon pleite sein. Im Grundsatz war dieses Problem schon im Sommer 2007 klar – damals hielten es die meisten Experten aber für ein vorübergehendes Phänomen. Eine Hoffnung, die sich als Illusion entpuppte.

... aber kein langfristiger Heilplan

Die eigentlichen Probleme hinter der Liquiditätsklemme konnten die Notenbanken mit ihren Erste-Hilfe-Maßnahmen nicht lösen. »Die Situation ist anders als in der Großen Depression. Das bloße Drucken von Geld oder die Bereitstellung von Liquidität ist keine Lösung, weil dieses Mal fundamentale Probleme des Finanzsektors die Ursache der Probleme sind«, betont der Stanford-Ökonom John Taylor.

Diese Bemerkung Taylors enthält einen versteckten Seitenhieb auf Fed-Chef Bernanke. Dieser hatte stets betont, die Fed habe ihre Lehren aus ihrem Versagen in der Großen Depression gezogen. Zwischen den Zeilen deutet Taylor an, Bernanke sei womöglich zu sehr auf die Vergangenheit fixiert gewesen. Damit das gegenseitige Vertrauen der Banken zurückkehrte, hätte die Politik auch an anderer Stelle ansetzen müssen, argumentiert Taylor. Wichtig wären Schritte gewesen, die die Bankbilanzen solider und transparenter machen – zum Beispiel Wege zur Aufstockung des Eigenkapitals und bessere Informationen über die noch in den Bilanzen schlummernden toxischen Wertpapiere.

Auch andere Wissenschaftler hatten frühzeitig vor einer Eskalation der Krise gewarnt. Zum Beispiel der Yale-Ökonom Robert Shiller, der schon 2004 das Platzen der Spekulationsblase auf dem US-Immobilienmarkt prophezeit und im Frühjahr 2000 vor einem Crash auf dem Aktienmarkt gewarnt hatte. Anfang August 2008 meldete sich Shiller erneut zu Wort, in einem Buch mit dem Titel »*The Subprime Solution*«: Die Gefahren der Misere, die damals noch »Subprime-Krise« hieß, seien monströs und würden von Politik und Öffentlichkeit massiv unterschätzt, so seine These. »Die Subprime-Krise könnte der erste Akt einer langen und komplexen Tragödie sein.« Auf dem US-Immobilienmarkt, von dem die Krise ausging, drohten weitere massive Wertverluste. Diese könnten im Finanzsystem einen Schaden anrichten, der das bisher Erlebte weit in den Schatten stelle. Hochverschuldete Hedge-Fonds, die bislang stark erschienen, könnten ins Trudeln geraten und weitere Banken in Schwierigkeiten bringen. Ohne massive Schadensbegrenzung durch den Staat drohe ein Desaster für die Wirtschaft und Gesellschaft. »Die unerbittliche Rückkopplung, bei der die Probleme von den Vereinigten Staaten auf den Rest der Welt übergreifen und von dort wieder in die USA zurückkommen, ist noch nicht zu Ende«, prophezeite er. »Uns steht möglicherweise ein schlimmer wirtschaftlicher Abschwung bevor, der Millionen von Menschen in Not bringen kann.«

Wie in der Großen Depression könnten erneut viele Menschen das Vertrauen in die Marktwirtschaft und in staatliche Institutionen verlieren, warnte Shiller sechs Wochen vor der Lehman-Pleite. Angesichts all dieser Gefahren forderte der Ökonom ein umfangreiches staatliches Nothilfepaket – die US-Regierung müsse den am schlimmsten Betroffenen aus der Patsche helfen. »Das wichtigste kurzfristige Gegenmittel ist – leider – eine Kombination verschiedener Bail-outs.« Auf ordnungspolitische Bedenken dürfe angesichts des Ausmaßes der Probleme keine Rücksicht genommen werden. Eine neue staatliche Organisation solle überschuldete Eigenheimbesitzer und in Schieflage geratene Hypothekenbanken mit subventionierten Krediten unterstützen, forderte Shiller. Und die Regierung solle der Wirtschaft mit massiven Konjunkturpaketen unter die Arme greifen.

Doch die Politik hörte nicht hin. Einen systematischen, strukturierten Rettungsplan hatte bis Mitte September 2008 weder das Finanzministerium noch die Fed vorbereitet: Die Lehman-Pleite im September offenbarte diese Konzeptlosigkeit – und destabilisierte die Märkte damit gleich doppelt, weil das Vertrauen in die Handlungsfähigkeit der Politik erschüttert wurde. »Die europäischen Regierungen kämpfen unsystematisch, ordnungswidrig und auf nationaler Ebene gegen ein Problem, dessen Ausmaß weit über ihre nationalen Grenzen hinausgeht«, beklagten die italienischen Ökonomen Luigi Guiso und Marco Pagano im Oktober 2008. Der konservative

Ökonom John Taylor ist sogar überzeugt: Erst dieses konzeptlose Vorgehen der Politik – und nicht der Kollaps der Investmentbank selbst – habe die Situation vollends außer Kontrolle gebracht. Das Verhalten von Finanzministerium und Fed sei viel zu unberechenbar gewesen. Wann genau, wie und unter welchen Voraussetzungen der Staat einer strauchelnden Bank zur Hilfe sprang, sei für die Akteure an den Finanzmärkten bis Ende 2008 nicht prognostizierbar gewesen. Dabei sei spätestens nach der Rettung der Investmentbank Bear Stearns im März 2008 klar gewesen, dass klare Leitlinien zur Bankenrettung nötig gewesen seien, so Taylor.

Tarp und Soffin – Hilfspakete mit Tücken

»Tarp – ein Ort zum Wohlfühlen«, wirbt die norddeutsche 5 600-Seelen-Gemeinde Tarp auf ihren Internetseiten. Der Ort südlich von Flensburg, erstmals im 13. Jahrhundert erwähnt, liegt idyllisch am Flüsschen Treene. Und seit 2005 das dort stationierte Marinefliegergeschwader 2 aufgelöst wurde, können die Einwohner von Tarp auch ohne Ohropax Mittagsschlaf halten. Von der Bankenkrise ist Tarp ziemlich weit weg. Eine Filiale der VR Bank Flensburg gibt es im Ort und eine Sparkasse.

An den Finanzmärkten denkt beim Stichwort Tarp niemand an den kleinen Ort in Norddeutschland. Hier steht Tarp für »Troubled Assets Relieve Program« – so der Name des bis zu 700 Milliarden Dollar umfassenden amerikanischen Rettungspakets, das Finanzminister Hank Paulson und Notenbankchef Ben Bernanke nach der Lehman-Pleite forderten und das der US-Kongress im Herbst 2008 beschlossen hat. Hals über Kopf hatten Notenbank und Finanzministerium den »Tarp«-Plan zusammengebastelt. Wie hastig das Paket zustande gekommen war, zeigt sich daran, dass von der ursprünglichen Idee, mit dem Geld den Banken toxische Wertpapiere abzukaufen, nicht mehr viel übrig blieb. Das nämlich erwies sich als zu kompliziert und langwierig – die Banken aber brauchten schnelle Hilfe. Daher änderte Paulson im Herbst 2008 auch kurzerhand den Kurs: Mit den Tarp-

Milliarden füllte der Staat die durch die Krise dezimierten Eigenkapitalbestände der US-Banken direkt auf und wurde damit wichtiger Anteilseigner bei einer Reihe von US-Banken. 50 Milliarden Dollar pumpte die US-Regierung in die Citigroup, 45 Milliarden in die Bank of America.

Das deutsche Pendant zu Tarp ist Soffin, der »Sonderfonds Finanzmarktstabilisierung«. Bis zu 500 Milliarden Euro gab der Bundestag im Oktober 2008 als Hilfe für den Bankensektor frei. Mit bis zu 80 Milliarden Euro kann der Bund direkt kriselnden Finanzinstituten helfen – indem er ihnen neues Kapital gibt oder ihnen Risiken abnimmt. Mit 20 Milliarden Euro finanziert der Bund staatliche Garantien für den Zahlungsverkehr zwischen den Banken, er kann damit für ein Kreditvolumen von maximal 400 Milliarden Euro bürgen.

Die Commerzbank stattete der Soffin mit 8,2 Milliarden Euro neuem Eigenkapital aus, zusätzlich übernahm der Fonds Risiken im Umfang von 10 Milliarden Euro von dem Institut. Im Gegenzug erhielt der Staat eine Beteiligung von 25 Prozent plus einer Aktie an der Bank. Rein kaufmännisch machte er ein ziemlich schlechtes Geschäft: Anfang 2009 betrug die Marktkapitalisierung der gesamten Commerzbank gerade einmal 3,5 Milliarden Euro – mit den 8,2 Milliarden Euro Eigenkapital hätte der Staat die Bank eigentlich zweimal komplett kaufen können. Die taumelnde Immobilienbank Hypo Real Estate erhielt insgesamt 87 Milliarden Euro an staatlichen Garantien, auch ein halbes Dutzend anderer Institute suchte Schutz bei Soffin.

Auch wenn es viel Geld gibt – Wohlfühl-Oasen sind Tarp und Soffin für die Banker nur begrenzt. Denn wer Staatshilfe in Anspruch nimmt, muss sich auf harte Auflagen einlassen. So deckelt der Soffin die Gehälter von Bankmanagern auf maximal 500 000 Euro pro Jahr – für Vorstände, die vorher Millionen verdienten, ist das wenig. Auch die Zeit der üppigen Boni ist in diesen Banken vorerst vorbei.

Insgesamt, so schätzt der Internationale Währungsfonds, hat der deutsche Staat bislang knapp 90 Milliarden Euro oder 3,7 Prozent der deutschen Wirtschaftsleistung an direkten Kosten für die Rettung der Banken ausgegeben. Die staatliche Garantie für sämtliche Bankeinlagen, die Merkel und Steinbrück am 5. Oktober 2008 aussprachen und die sich auf zusätzliche 18 Prozent des Bruttoinlandsprodukts summiert, ist in diesen

Zahlen nicht enthalten. Das Versprechen kostet den Bund vorerst keinen Pfennig – solange keine Bank kollabiert und er es nicht einhalten muss.

Fragwürdige Motive bei manchen Rettern

Eines hat auch die tiefste Finanz- und Wirtschaftskrise seit der Großen Depression nicht geschafft: Die ehernen Gesetze des politischen Geschäfts außer Kraft zu setzen. Auch in der Krise wollen Politiker vor allem wiedergewählt werden – und orientieren sich daher mitunter nicht am Allgemeinwohl, sondern an den Interessen ihrer wichtigsten Wählergruppen. Drei Ökonomen der Universität Chicago belegen dies in einer Fallstudie am Beispiel der Vereinigten Staaten eindrucksvoll. Die Forscher Atif Mian, Amir Sufi und Francesco Trebbi analysierten das Abstimmungsverhalten aller 435 Mitglieder des US-Repräsentantenhauses. Neben dem Tarp-Gesetz untersuchten die Forscher auch das Abstimmungsverhalten bei dem im Juli 2008 beschlossenen 300 Milliarden Dollar schweren Hilfsprogramm für Immobilienbesitzer, die ihre Hypotheken nicht mehr bezahlen konnten. Die Wissenschaftler wollten wissen, ob und wie stark das Votum von der politischen und wirtschaftlichen Lage in den Wahlkreisen der Abgeordneten, von Parteispenden und anderen Faktoren abhing.

Da die überwiegende Mehrheit der Demokraten für die Rettungspakete gestimmt hatte, konzentrierte sich das Forschertrio auf republikanische Abgeordnete. Die Konservativen waren gespalten mit Blick auf die massive staatliche Intervention in den Immobilien- und Finanzmarkt. Nur 45 Republikaner unterstützten den 300 Milliarden Doller schweren Hilfsfonds für überschuldete Hausbesitzer, 149 lehnten ihn ab. Für das 700 Milliarden Dollar teure Tarp-Gesetz stimmten im zweiten Durchgang 91 Republikaner, 108 votierten mit »Nein«.

Das Abstimmungsverhalten folgte einem erstaunlich klaren Muster, stellten die Wissenschaftler fest. Nur wenn die Gesetze den lokalen Eigeninteressen der Abgeordneten dienten, stimmten sie dafür. Je mehr Eigenheimbesitzer im Wahlkreis eines Parlamentariers in Zahlungsschwierigkeiten steckten, desto größer war die Wahrscheinlichkeit, dass dieser für den Hilfsfonds für Hausbesitzer stimmte.

Pikant dabei: Litten in der Heimatregion eines konservativen Politikers hauptsächlich demokratische Wähler unter Kreditproblemen, ließ das den Abgeordneten kalt. In diesem Fall stimmte er mit höherer Wahrscheinlichkeit gegen die 300-Milliarden-Hilfe. Ganz anders sah es aus, wenn in seinem Wahlkreis Wähler der Republikaner stark betroffen waren. Eine wichtige Rolle für das Abstimmungsverhalten spielte auch, wie sicher die Mehrheitsverhältnisse in der Heimat waren. Je knapper der Vorsprung gegenüber dem demokratischen Konkurrenten, desto eher unterstützte ein Konservativer Staatshilfen für Immobilienbesitzer.

Ganz ähnlich war das Bild bei der Abstimmung über das 700 Milliarden Dollar schwere Hilfspaket für die Banken. Je mehr Wahlkampfspenden ein republikanischer Abgeordneter aus der Finanzbranche erhielt, desto eher stimmte er für das Tarp-Gesetz. Die Zustimmungswahrscheinlichkeit wuchs zudem, je mehr Arbeitsplätze bei Banken und anderen Finanzdienstleistern es im Heimat-Wahlkreis eines Parlamentariers gab. Besonders interessant für die Forscher waren 58 Parlamentarier, die bei der ersten Abstimmung noch gegen das Rettungspaket stimmten, bei der zweiten aber dafür. Die Ökonomen stellten fest: Ihre Meinung änderten in erster Linie die Politiker, in deren Wahlkreis es entweder größere Probleme auf dem Immobilienmarkt gab oder die Finanzindustrie ein wichtiger Arbeitgeber war.

Zusammen schwimmen oder untergehen

Bei aller Zögerlichkeit und Schönrederei: Als die Welt im Herbst 2008 in den Abgrund schaute, leisteten Notenbanken und Finanzministerien unter dem Strich erstaunlich gute Arbeit. Wie von internationalen Ökonomen empfohlen, verständigten sich die Länder auf mehreren Finanzgipfeln auf eine halbwegs koordinierte staatliche Erste-Hilfe-Aktion für das Finanzsystem. Sie statteten Banken mit neuem Kapital aus und übernahmen Garantien für Spareinlagen und Kredite, die sich Banken auf dem Geldmarkt gegenseitig gewähren. Danach normalisierte sich die Lage wieder ein wenig, im Frühjahr 2009 erholten sich die Weltbörsen merklich. Im Sommer 2009 mehrten sich optimistische Stimmen, die ein Ende der Krise erwarten.

Allerdings war auch ein bisschen Glück im Spiel. Einige Horrorszenarien, die Ökonomen im Herbst 2008 besonders Bauchschmerzen bereitet hatten, trafen zumindest bis zum Abschluss der Arbeiten an diesem Buch im Sommer 2009 nicht ein. So befürchteten Experten, die Rettung einer länderübergreifenden Großbank wie ING oder Unicredit könnte nötig werden. Dann hätten die verschiedenen Regierungen sich einigen müssen, wie sie die Kosten dafür unter sich aufteilen. »In solchen Fällen stellt sich die Frage, wessen Steuerzahler die Last der Rekapitalisierung des Instituts tragen sollen«, warnte der amerikanische Ökonom Barry Eichengreen. »Dadurch entsteht ein gefährliches Trittbrettfahrer-Problem.«

Fiktion blieb bislang auch das Szenario, dass sich in anderen kleinen Ländern wiederholen könnte, was in Island passierte – dass Banken in Schieflage geraten, die zu groß sind, als dass die Regierung sie auffangen könnte. Im Herbst 2008 bezogen sich die Sorgen vor allem auf die Schweiz. »Die Bilanzsumme von Banken wie der UBS und Credit Suisse beträgt jeweils das Mehrfache der Schweizer Wirtschaftsleistung«, warnte Eichengreen damals. Selbst wenn Länder wie die Schweiz versuchen würden, etwas zu tun, wären die fiskalischen Folgen so alarmierend, dass die Investoren flüchten würden. »Das ist im Kern das, was 1931 das Bankensystem in Österreich und Deutschland zerstört hat«, so Eichengreen, »als diesen Ländern ausländische Hilfe verweigert wurde.« Und auch die von einigen Pessimisten befürchtete Zahlungsunfähigkeit eines Mitgliedsstaates der europäischen Währungsunion – zum Beispiel Griechenland oder Italien – ist bislang nicht in Sicht.

Aber auch ein Ende der Krise ist derzeit nicht absehbar …

Der lange Schatten der großen Depression

Der Junge ist gerade einmal neun Jahre alt, aber er spürt sehr genau, dass etwas ganz Schlimmes vorsichgeht. Mit voller Härte trifft die Große Depression 1930 die im schlesischen Reichenbach lebende Landwirtsfamilie. »Das Familieneinkommen schrumpfte auf einen Bruchteil zusammen«, erinnert sich der 1921 geborene Herbert Giersch knapp acht Jahrzehnte später. »Ich habe damals sehr genau die Zeitung gelesen und eines nicht verstanden: Warum gab es niemanden, der was von Wirtschaft verstand, der etwas tun konnte gegen die Krise?« Das ist der Moment, in dem Giersch beschließt, Volkswirt zu werden. Jahrzehnte später ist er einer der wichtigsten und einflussreichsten Ökonomen der Bundesrepublik.

Was die Menschheit zwischen 1929 und 1933 erlebte, war ein »wahrhaft welterschütterndes Ereignis«, wie es der verstorbene Harvard-Ökonom Gottfried Haberler 1976 formulierte. Der Vorstand der Deutschen Bank sprach in seinem Bericht über das Geschäftsjahr 1931 von einer »Weltkrise«. Das Jahr habe »in neue Tiefen nationaler Wirtschaftslähmung und internationaler Störung des Kapital- und Güteraustausches hinabgeführt«. Der Einbruch der Wirtschaft und das Elend der Menschen hatten monumentale Ausmaße. In den Vereinigten Staaten und in Deutschland halbierte sich die Industrieproduktion. Im Sommer 1932, als die Krise ihren Höhepunkt erreichte, lag die Kapazitätsauslastung in der amerikanischen Stahlindustrie bei nur noch zwölf Prozent – ein historischer Negativ-Rekord. Die Produktion von Roheisen war so niedrig wie seit 1896 nicht mehr.

Das reale Bruttoinlandsprodukt der USA schrumpfte um mehr als 25 Prozent. Es dauerte zehn Jahre, bis dort das reale Pro-Kopf-Einkommen wieder so hoch war wie zuvor. Auf dem Höhepunkt der Krise waren fast ein Viertel aller Amerikaner – knapp 13 Millionen Menschen – ohne Job. Rund 10 000 amerikanische Banken brachen zwischen 1929 und 1933 zusammen. Weil es keine Einlagensicherung gab, verloren Millionen US-Bürger ihre Ersparnisse.

In Deutschland, wo 1932 sechs Millionen Arbeiter auf der Straße standen, kollabierte die Demokratie: Erst das große wirtschaftliche Desaster der frühen 30er-Jahre ebnete Adolf Hitler den Weg an die Macht. Ohne Große Depression hätte es wahrscheinlich keinen Zweiten Weltkrieg und keinen Holocaust gegeben. »Eine tiefe Hoffnungslosigkeit bemächtigte sich der in die Dauerarbeitslosigkeit hineinwachsenden Jugend«, schreibt der Historiker Karl Dietrich Erdmann im »Handbuch der deutschen Geschichte« über das Ende der Weimarer Republik. »Es geschah nichts Konstruktives gegen dieses Elend.«

Geschichte wiederholt sich nicht – oder?

»Nie wieder« – nach 1945 war das nicht nur mit Blick auf Krieg und Holocaust die wichtigste politische Devise. Sie galt auch mit Blick auf Große Depression, Bankenkrise und Massenarbeitslosigkeit. Generationen von Volkswirten haben in den Jahrzehnten danach die Ursachen der Großen Depression erforscht und nach Rezepten gegen eine Wiederholung gesucht.

Seit den 70er-Jahren herrscht wissenschaftlicher Konsens, dass vor allem die falsche Geldpolitik der US-Notenbank Federal Reserve Bank die Katastrophe verursacht hat: Statt Liquidität in ein angeschlagenes Bankensystem zu pumpen, hätten die Notenbanker ein drastisches Schrumpfen der Geldmenge zugelassen. Versagt habe die Geld- und Finanzpolitik zudem im Kampf gegen die Bankenkrise. Erst die schrumpfende Geldmenge und die Kaskade von Bankpleiten hätten die Rezession in eine Depression verwandelt. »Mit Recht gilt seitdem als eines der Hauptanliegen moderner Geld- und Währungspolitik, Wiederholungen von Bankenkrisen im Sinne von Massenzusammenbrüchen von Banken, Sparkassen und Kreditgenossenschaften nicht zuzulassen«, schrieb 1976 Bundesbank-Vorstandsmitglied Heinrich Irmler, Sohn eines Leipziger Klavierfabrikanten, der in der Krise pleite ging.

Heute ist klar: Gemessen an diesem Anspruch hat die Geld- und Finanzpolitik in der aktuellen Krise kolossal versagt. Die Finanzkrise hat eine schwere, globale Rezession verursacht, wie sie die Welt seit den frühen 30er-Jahren nicht erlebt hat. In mehreren Schritten wurde seit August 2007 erst das Banken- und Finanzsystem, dann auch die Realwirtschaft in ihren Grundfesten erschüttert.

Immer mehr Experten sahen in der ersten Jahreshälfte 2009 die Gefahr einer zweiten Großen Depression – vom Ökonomie-Nobelpreisträger Paul Krugman bis hin zu dem IWF-Chefökonomen Olivier Blanchard. So schrieben die Volkswirte Barry Eichengreen und Kevin O'Rourke in einer im April 2009 veröffentlichten Studie, die gegenwärtige Rezession habe »das Ausmaß einer Depression«. Der ehemalige Fed-Gouverneur und heutige Columbia-Professor Frederic Mishkin ging sogar noch weiter: Auf der Jahrestagung 2009 der American Economic Association gab er sich überzeugt: »Der Schock, der aus dem Finanzsystem kommt, ist in der derzeitigen Krise größer als in der Great Depression.« Selbst das Bundeswirtschaftsministerium betonte in einer auf seiner Internetseite veröffentlichten Analyse: »Die Dynamik der Abwärtsentwicklung ist im industriellen Sektor mit derjenigen der Weltwirtschaftskrise vergleichbar. In Deutschland ist die Abwärtsdynamik in der Industrie sogar noch etwas stärker als zu Beginn der Weltwirtschaftskrise.«

Auch das Welthandelsvolumen und die wichtigsten Aktienmärkte sind bis zum Sommer 2009 mindestens genauso stark, teilweise sogar stärker eingebrochen als vor 80 Jahren. Haben wir es also tatsächlich mit einer Neuauflage der Großen Depression zu tun?

Ein Tag im Juli 1931

Am 13. Juli 1931, einem Montag, standen die Kunden der Darmstädter und Nationalbank (Danatbank) vor verschlossenen Türen. Dort hing ein amtliches Kommuniqué: »Die Darmstädter und Nationalbank hat mitgeteilt, dass sie genötigt sei, ihre Schalter geschlossen zu halten. Die Reichsregierung wird aufgrund einer im Laufe des heutigen Tages ergehenden Notverordnung des Herrn Reichspräsidenten durch volle Garantieleistungen für alle Einlagen für eine ruhige Abwicklung der Geschäfte der Danatbank Sorge tragen.« Die Danatbank war eine der vier großen Privatbanken des Deutschen Reichs, auf Augenhöhe mit Deutscher, Dresdner und Commerzbank.

Im Juli 1931 brach das Institut zusammen. Und die Deutschen glaubten nicht an die von der Regierung versprochene »volle Garantieleistung für alle Einlagen«. Überall im Reich stürmten die Menschen die Banken – betroffen waren auch die anderen Institute. Jeder wollte seine Ersparnisse in Sicherheit bringen. »Am 13. Juli setzte eine derart große Abhebungswelle bei allen deutschen Banken, Sparkassen und Kreditgenossenschaften ein, dass noch am Vormittag die Auszahlungen an den Bankschaltern mehr oder weniger rationiert werden mussten«, betonte 1976 der Bundesbank-Vorstand Heinrich Irmler. Ein ausgewachsener Bank-Run, den kein Geldinstitut überleben kann.

Um die Panik einzudämmen, beschloss die Reichsregierung noch am 13. Juli eine drakonische Maßnahme: Sie erklärte die beiden folgenden Tage zu »Bankfeiertagen«. Am 14. und 15. Juli 1931 ruhte der gesamte Zahlungsverkehr im Deutschen Reich – sämtliche private Banken waren geschlossen, der Postscheck-Verkehr ausgesetzt, der Handel an den Wertpapierbörsen verboten. Stufenweise lockerte der Staat danach die Zahlungssperre, erst am 5. August gab er den Zahlungsverkehr wieder vollständig frei. Die Börsen blieben sogar bis zum 3. September 1931 geschlossen.

All das konnte nicht verhindern, dass kurz nach dem Fall der Danatbank auch die Dresdner Bank zusammenbrach. Das gesamte deutsche Finanzsystem stand Mitte Juli 1931 vor dem Abgrund. »Das deutsche Bankwesen hatte eine Belastungsprobe zu überstehen, für welche die moderne Wirtschaftsgeschichte keinen vergleichbaren Vorgang bietet«, konstatierte der Vorstand der Deutschen Bank in seinem Bericht für das Geschäftsjahr 1931.

Um die Banken zu sanieren, gründeten Regierung, Reichsbank und private Geldinstitute gemeinsam die Akzeptbank. Ihr Grundkapital, 200 Millionen Reichsmark, stammte zur Hälfte vom Staat. Bis Ende 1931 hatte die Akzeptbank notleidende Banken mit Krediten über 1 625 Millionen Reichsmark stabilisiert. Mehrere 100 Millionen flossen allein an die Danatbank und die Dresdner Bank, die auf politischen Druck hin noch im gleichen Jahr fusionierten. Zudem stattete der Staat die Privatbanken mit neuem Eigenkapital aus und erhielt im Gegenzug Anteile an ihnen. Die Dresdner Bank war dadurch zu 90 Prozent in Staatsbesitz, die Commerzbank zu 70 Prozent, die Deutsche Bank zu rund 30 Prozent.

Es kam zu einem deutlichen Stellenabbau in der Finanzbranche. Die Deutsche Bank strich 1931 acht Prozent ihrer Jobs, fast 1 500 Stellen – größtenteils aber »sozialverträglich«, wie man heute sagen würde: »Wir haben diese notwendige Maßnahme dadurch gemildert, dass wir im wesentlichen ältere Angestellte erfassten, die wir pensionieren konnten«, heißt es im Geschäftsbericht von 1931. Auch ihre Kreditgabe schränkten die Banken in der Krise drastisch ein. So war zum Beispiel bei der Deutschen Bank, die noch verhältnismäßig gut durch die Krise kam, das Volumen der ausstehenden inländischen Kredite innerhalb von zwei Jahren von 2,9 auf 2,3 Milliarden Reichsmark geschrumpft – ein Minus von 20 Prozent.

Die Finanzkrise hinterließ in der Realwirtschaft tiefe Spuren: Fast 14 000 Konkurse und 8 500 Vergleichsverfahren gab es 1931 in Deutschland, im Vergleich zu den Vorjahren ein deutlicher Anstieg. Die Berliner Borsig-Werke, einer der bedeutendsten Industriekonzerne, wurden 1931 zahlungsunfähig. Auch die Brennabor-Werke in Brandenburg rutschten in die Insolvenz – damit verschwand einer der führenden deutschen Automobilhersteller von der Bildfläche. In den frühen 20er-Jahren hatte Brennabor als einer der ersten deutschen Autobauer die Fließbandproduktion eingeführt; das Topmodell der Firma »Juwel 8« mit einem Achtzylinder-Reihenmotor und 3,4 Liter Hubraum brachte es 1930 auf eine Höchstgeschwindigkeit von immerhin 100 Stundenkilometern. »Die Erschütterungen des Kreditgebäudes«, heißt es im Deutsche-Bank-Geschäftsbericht für 1931, »übertrugen sich auf die gesamte Wirtschaft.« Ein Drittel aller Erwerbstätigen war arbeitslos.

Nicht nur wirtschaftlich, auch politisch hatte die Bankenkrise von 1931 für Deutschland und die Welt katastrophale Folgen. Erst durch sie wurde die Konjunkturkrise zu einer tiefen wirtschaftlichen Depression. Der Glaube an Demokratie und Marktwirtschaft brach in Deutschland zusammen, eineinhalb Jahre später kam Hitler an die Macht.

Einige Parallelen ...

Zwischen der ersten und der zweiten Weltwirtschaftskrise gibt es eine Reihe beängstigender Parallelen. Beide Krisen waren global, und sie fraßen sich von Land zu Land. 1932 schrieb die Bank für internationalen Zahlungsausgleich in ihrem Jahresbericht: »Die Ereignisse dieses Geschäftsjahres haben gezeigt, in welchem Maße unsere Währungssysteme, große wie kleine, voneinander abhängig geworden sind und wie die internationale Verbundenheit der Währungen nicht bloß eine Theorie oder wünschenswerte Entwicklung ist, sondern eine vollendete Tatsache.«

Beide Krisen folgten auf eine lange Ära wirtschaftlicher Prosperität, in beiden Fällen war die Wall Street das Epizentrum. »Die amerikanische Wirtschaft stand im Mittelpunkt des Sturms«, stellte der Harvard-Ökonom Gottfried Haberler 1976 fest. »Die Depression in den Vereinigten Staaten war stärker und dauerte länger als in den meisten anderen Industrieländern (Deutschland ausgenommen), und sie war fast ausschließlich hausgemacht. In einer Analyse der Weltwirtschaftskrise muss die Entwicklung in den Vereinigten Staaten den ersten Platz einnehmen.«

Damals wie heute hatte es vor der Krise einen Boom bei neuen Finanzprodukten gegeben, die hohe Renditen ohne Risiken versprachen und sich später als Finanzschrott erwiesen. Heute sind es komplexe Kreditderivate wie strukturierte Hypothekenanleihen (»Collateralized Debt Obligations«), damals waren es die so genannten Investment Trusts, windige Konstrukte, deren Grundidee entfernt an heutige Aktienfonds erinnert: Im Kern ging es darum, dass Finanzdienstleister Anteile an börsenotierten Unternehmen kauften und sich selbst über Anleihen und Aktien finanzierten.

Die Investment-Trusts, die unter anderem von Wall-Street-Banken wie J. P. Morgan und Goldman Sachs betrieben wurden, unterlagen keiner staatlichen Aufsicht. Wie moderne Hedge-Fonds und Investmentbanken agierten sie mit viel geliehenem Geld – mit »hoher Leverage«, wie man in Finanzkreisen sagt. »Die Investment-Gesellschaften waren der bemerkenswerteste Baustein der Spekulationsinfrastruktur der späten 20er-Jahre«, schreibt der amerikanische Ökonom John Kenneth Galbraith in seinem 1954 erschienenen Standardwerk »The Great Crash 1929«. Ein typischer Investment Trust hielt Beteiligungen an 500 bis 1 000 verschiedenen Unternehmen. Private Geldanleger, die Anteile an einem Investment Trust kauften, so das Versprechen, könnten ihre Risiken viel besser streuen als mit Einzelaktien.

Am 24. Oktober 1929, dem berühmten »schwarzen Freitag«, platzte an der Wall Street die Aktienblase – und mit dem Börsencrash gingen die Investment Trusts in Rauch auf. Ihr Eigenkapital war durch den Börsencrash vernichtet, und ihre Schuldenlast brach ihnen das Genick. Die Anteile an der Goldman Sachs Trading Corporation, die Goldman im August 1929 noch für 104 Dollar das Stück an Investoren verkauft hatte, waren im Frühjahr 1932 weniger als zwei Dollar wert.

Damals wie heute haben viele Banken gleich mehrere Grundprinzipien des seriösen Kreditgeschäfts missachtet. In der zweiten Hälfte der 20er-Jahre liehen die deutschen Geldinstitute sehr kurzfristig fällige Fremdeinlagen auf lange Zeit aus und verzichteten im Kampf um Marktanteile auf eine gesunde Risikostreuung. Zudem waren die deutschen Banken Anfang der 30er-Jahre hoch verschuldet. Das Verhältnis zwischen Eigen- und Fremdmitteln lag vor dem Kollaps bei 1 zu 15.

Nach dem Ersten Weltkrieg und der Hyperinflation waren deutsche Banken zudem strukturell geschwächt. Sie hatten einen Großteil ihres Eigenkapitals und der Fremdeinlagen verloren. Ohne Kapital aus dem Ausland wären sie nicht über die Runden gekommen, 40 Prozent aller Einlagen stammten von außerhalb des Deutschen Reichs. Und die ausländischen Investoren konnten zwei Drittel ihrer Einlagen kurzfristig kündigen.

Die akute Bankenkrise kam erst eineinhalb Jahre nach dem Beginn der Baisse an den Börsen ins Rollen: In Wien brach am 11. Mai 1931 die Österreichische Credit-Anstalt zusammen. Einen Monat später kollabierte in Bremen der Nordwolle-Konzern. Das Unternehmen hatte sich mit Wetten auf steigende Baumwollpreise verspekuliert. Die Danatbank, ein wichtiger Gläubiger und Aktionär der Nordwolle, verlor durch deren Kollaps mehr als 50 Millionen Reichsmark. Schon vorher hatten viele ausländische Investoren ihre Spareinlagen aus Deutschland abgezogen. Nach der Nordwolle-Pleite verschärfte sich die Kapitalflucht drastisch. Das Devisenkonto der Reichsbank halbierte sich bis Ende Juni.

Damals wie heute wurde das wahre Ausmaß der Krise von den meisten Experten und Politikern unterschätzt; jahrelang wurden die Probleme schöngeredet. So erklärten die in der Harvard Economic Society organisieren Ökonomie-Professoren der renommierten Harvard-Universität kurz nach dem Börsencrash von Oktober 1929: »Eine ernste Depression wie die der Jahre 1920–1921 ist extrem unwahrscheinlich.« Schon im Frühjahr 1930 werde es zu einer schnellen Konjunkturerholung kommen. Noch Jahre später, als die Wirtschaft längst zusammengebrochen war, hielt die Harvard Economic Society an ihrem Konjunktur-Optimismus fest – bis sie sich 1933 schließlich auflöste.

... aber auch wichtige Unterschiede

Trotz der vielen Déjà-vus gibt es auch eine Reihe wichtiger Unterschiede zwischen 1929 und heute. Schon die Reihenfolge der Ereignisse war eine ganz andere. 1929 begann – was viele heute vergessen haben – der Abschwung der Realwirtschaft deutlich *vor* Beginn der Finanzkrise. Bereits im Sommer 1929 hatte der US-Konjunkturboom seinen Höhepunkt erreicht. In Deutschland hatte die Konjunktur sogar schon seit 1928 geschwächelt. »Der Verlauf des Wirtschaftsjahres 1928 war enttäuschend«, konstatierte die Deutsche Bank nüchtern in ihrem damaligen Geschäftsbericht. Zwar sei der Bierkonsum in Deutschland um 11,3 Prozent gestiegen, die Industrieproduktion aber in der zweiten Jahreshälfte erheblich gesunken – das Minus lag bei neun Prozent.

Der Crash an der Wall Street im Herbst 1929 verstärkte einen ohnehin vorhandenen Abschwung. Erst knapp zwei Jahre später führte die tiefe Rezession in Österreich und Deutschland zu einer ernsten Finanzkrise, die den wirtschaftlichen Abschwung wiederum drastisch verschärfte. In den Vereinigten Staaten brach die flächendeckende Bankenkrise sogar erst Anfang 1933 aus.

Die heutige Weltwirtschaftskrise dagegen ging klar vom Finanzsektor aus, die restliche Wirtschaft spürte lange wenig davon. Das änderte sich erst durch die Pleite der US-Investmentbank Lehman Brothers im September 2008. Auf dem deutschen Arbeitsmarkt kamen die Probleme erst Ende 2008 an – in den ersten eineinhalb Jahren der Finanzkrise ging die Arbeitslosigkeit noch zurück.

Ein zweiter wichtiger Unterschied ist: Anders als vor acht Jahrzehnten hat die Wirtschaftskrise bislang keine politischen Verwerfungen ausgelöst. Vor allem in Deutschland waren damals die politischen Verhältnisse höchst instabil. Die letzte demokratisch legitimierte Reichsregierung, geführt vom SPD-Politiker Hermann Müller, war im März 1930 zurückgetreten; die folgenden Regierungen hatten keine Mehrheit im Reichstag mehr. Sie regierten am Reichstag vorbei auf Basis von Notverordnungen des Reichspräsidenten.

Bei den Reichstagswahlen im September 1930 waren den rechten und linken Extremisten die Wähler scharenweise zugelaufen. Die NSDAP erzielte 18,3 Prozent der Stimmen, die KPD 13,1 Prozent. »Die Verschärfung der wirtschaftlichen Schwierigkeiten und die aus ihr entstandene Unzufriedenheit der Massen verursachte in fast allen Ländern eine Schwächung der Stellung der Regierungen«, konstatierte die Deutsche Bank in ihrem Geschäftsbericht für 1931. Wegen der immer unsichereren politischen Verhältnisse verloren ausländische Investoren das Vertrauen in die Stabilität der deutschen Demokratie, scharenweise zogen sie ihr Geld aus Deutschland ab. Innerhalb weniger Wochen sanken die Devisenbestände der Reichsbank um ein Viertel.

Ein weiterer wichtiger Unterschied zwischen damals und heute ist: Der Dienstleistungssektor, den Konjunktureinbrüche nicht so heftig treffen, ist deutlich größer als in den frühen 30er-Jahren – ebenso der staatliche Sektor. Beides federt den Kollaps der Industrie stärker ab. Die Verbraucherpreise, Ende der 20er-Jahre in stetigem Sinkflug begriffen, waren bis Mitte 2009 stabil. Und das soziale Netz ist heute viel enger als damals, dadurch schlagen die wirtschaftlichen Probleme nicht so stark auf die materiellen Lebensumstände der Menschen durch.

Der wahrscheinlich wichtigste Unterschied zur Großen Depression aber ist: Vor achtzig Jahren trafen die Regierungen in den USA, Deutschland und anderen Ländern eine Reihe katastrophaler Fehlentscheidungen, die die Probleme nur noch schlimmer machten: So handelten die Industriestaaten damals nach dem Prinzip »Jeder ist sich selbst der Nächste«. Mit allen Mitteln versuchten sie, einheimische Firmen vor Konkurrenz aus dem Ausland zu schützen. Sie hoben die Importzölle drastisch an und führten Einfuhrquoten ein. Parallel dazu versuchten die Staaten, durch die Abwertung der eigenen Währung die eigenen Exporte anzukurbeln.

»Wir erleben auf finanziellem und wirtschaftlichen Gebiet die Abkehr vom Internationalismus und die Hinwendung zum selbstbewussten, selbstgenügsamen, aber verhängnisvollen wirtschaftlichen Nationalismus«, konstatierte die Basler Bank für Internationalen Zahlungsausgleich (BIZ) 1934 in ihrem Jahresbericht. »Es gab mehr Moratorien, mehr Transferhindernisse, mehr künstliche Clearings, mehr Goldhortungen als in irgendeinem anderen Jahr zuvor, mehr Konvertierungen und Umwandlungen von Auslandsguthaben in einheimische Währung oder in Gold, ein fast gänzliches Aufhören langfristiger Neuausleihungen an das Ausland sowie eine weitere Begrenzung oder Verringerung des Volumens kurzfristiger Kredite«, schrieb die BIZ. Kurzum: Das Weltfinanzsystem und der internationale Handel implodierten, es herrschte schlicht »Chaos«, wie die BIZ 1934 in ihrem Jahresbericht schrieb.

Wirtschaftshistoriker sprechen rückblickend von der »Beggar thy neighbour«-Politik – dem Versuch, den Nachbarn in den Ruin zu treiben und sich auf dessen Kosten aus der Krise zu befreien. Er endete in einer Abwärtsspirale, die die Probleme nur noch schlimmer machte – ohne den Protektionismus wäre aus der Rezession keine Große Depression geworden, sind Wirtschaftshistoriker überzeugt.

Die Regierungen und Notenbanken versuchten zudem, mit höheren Zinsen, geringeren Staatsausgaben und Lohnkürzungen der Krise Herr zu werden. Denn Staatsschulden galten als Teufelswerk. »Auf dem Gebiet der Fiskalpolitik war der Grundgedanke der, dass der Reichshaushalt grundsätzlich und ohne Rücksicht auf die jeweilige Konjunkturlage in Einnahmen und Ausgaben ausgeglichen sein musste«, schrieb Heinrich Irmler 1976.

Ein besonders eiserner Verfechter dieses Kurses war der deutsche Zentrumspolitiker Heinrich Brüning, von 1930 bis 1932 Reichskanzler ohne parlamentarische Mehrheit. Weil durch die Rezession massiv Steuereinnahmen wegbrachen, beschloss die Reichsregierung ab Sommer 1930 eine Reihe von Ausgabenkürzungen und Steuererhöhungen. So wurden die Beamtengehälter um 10 bis 18 Prozent gesenkt, die Tabak-, Mineralöl- und Zuckersteuer sowie die Einkommensteuer erhöht.

Als alles nichts half, griff die Reichsregierung im Dezember 1931 zu noch drakonischeren, aus heutiger Sicht schier unvorstellbaren Maßnahmen: Der Staat zwang die privaten Unternehmen per Gesetz zu drastischen Lohnsenkungen. Die Regierung senkte die Tariflöhne per Ukas auf das Niveau von Januar 1927, zugleich zwang sie allen Firmen eine Preissenkung um zehn Prozent auf. Mit der »Vierten Notverordnung des Reichspräsidenten zur Sicherung von Wirtschaft und Finanzen und zum Schutz des inneren Friedens« wurden auch die Beamtengehälter erneut gekürzt – um weitere neun Prozent. Zwischen 1929 und 1932 fielen in Deutschland die Verbraucherpreise um 25 Prozent. Für eine moderne Volkswirtschaft hat solch ein Verfall des Preisniveaus katastrophale Folgen.

Damals hielten die Regierung und große Teile der Wirtschaftswissenschaft den Preisverfall jedoch für positiv. Um die Deflation auch optisch deutlich zu machen, führte die Reichsregierung von Kanzler Heinrich Brüning sogar ein neues Geldstück ein: Eine 4-Pfennig-Münze, von der Bevölkerung schnell »Brüning Taler« genannt. Schon nach einem Jahr zog der Staat das kuriose, ungeliebte Geldstück wieder aus dem Verkehr. Heute werden gut erhaltene 4-Pfennig-Münzen unter Münzsammlern für gut 30 Euro gehandelt.

Ähnlich katastrophale Fehler machten die Notenbanken. Sie versäumten es, den wankenden Bankensektor zu stabilisieren und die Realwirtschaft mit Liquidität zu versorgen. Die Reichsbank verschärfte die Krise drastisch, als sie der Danatbank im Juli 1931 Kreditzusagen kürzte. Mitten in der Deflation erhöhte sie zudem drastisch die Leitzinsen. »Für Bankschuldner ergaben sich daraus Realzinsen in der Größenordnung von 15 bis 20 Prozent und mehr«, schrieb der ehemalige Bundesbank-Vorstand Heinrich Irmler. Bei solch enormen Zinsen rechnet sich kaum eine Investition mehr, für die Unternehmen auf Kredite angewiesen sind.

Zudem sahen die Zentralbanken in Deutschland und in den Vereinigten Staaten tatenlos zu, wie die Geldmenge in der

Wirtschaft dramatisch schrumpfte. Hier rächte sich das damalige Währungssystem: Der Goldstandard war eine politische Zwangsjacke. In Deutschland war gesetzlich vorgeschrieben, dass die im Reich umlaufende Bargeldmenge zu mindestens 40 Prozent durch Gold und Devisen gedeckt sein musste. Was im ersten Moment wie ein Garant für Geldwertstabilität erscheint, weil der Staat nicht beliebig viel Papiergeld drucken kann, verschärfte in Wirklichkeit die Krise enorm. Denn als Ausländer ab Herbst 1930 fluchtartig ihr Kapital aus Deutschland abzogen, sank dadurch die Geldmenge im Inland: Die Ausländer tauschten ihr Reichsmark-Vermögen bei der Zentralbank in Dollar, Pfund oder andere Fremdwährungen ein. Weil die Geldmenge auch vom Devisenbestand der Reichsbank abhing, war dadurch in Deutschland weniger Bargeld im Umlauf. Dies brachte viele Unternehmen und Banken in Liquiditätsschwierigkeiten. Die restriktive Geldpolitik nahm der Wirtschaft vollends die Luft zum Atmen.

Aus Angst vor Inflation hielten auch die Vereinigten Staaten viel zu lange am Goldstandard fest. Die Fed schaute tatenlos zu, wie die Geldmenge um ein Drittel zurückging. Nach Ansicht vieler Ökonomen hat die Notenbank damit erst die Bankenkrise und dann die Große Depression verursacht.

Warum wir unsere Banken lieben müssen

Der Text für den Tag X war sorgfältig vorbereitet. Britische Beamte hatten lange daran gefeilt, gemeinsam mit einigen ausgesuchten Journalisten der Rundfunkanstalt BBC. »Die Verluste und das Ausmaß des Schadens sind noch nicht bekannt«, hätte der Radiosprecher verkünden sollen. »Bleiben Sie ruhig, und verlassen Sie nicht Ihre Wohnungen.«

Nach einem Atomschlag gegen das Vereinigte Königreich wäre diese Radiobotschaft im britischen Rundfunk verlesen worden. Über Jahrzehnte war der Text als geheim deklariert worden, erst Anfang Oktober 2008 hat das britische Nationalarchiv ihn veröffentlicht.

Zufall oder nicht – zur gleichen Zeit wandten sich Politiker und Notenbanker überall in den Industrieländern mit Botschaften an ihre Bevölkerung, die ganz ähnlich klangen. Nur, dass es nicht um die atomare, sondern um die wirtschaftliche Apokalypse ging: »Wir sagen den Sparerinnen und Sparern, dass ihre Einlagen sicher sind. Dafür steht die Bundesregierung ein« .

Bundeskanzlerin Angela Merkel war es, die diesen Satz am 5. Oktober 2008 in die Fernsehkameras sprach. »Die Bundesregierung sagt am heutigen Tage, dass wir nicht zulassen werden, dass die Schieflage eines Finanzinstituts zu einer Schieflage des gesamten Systems wird«, versicherte Merkel. Die Entscheidung der Bundesregierung, betonte Bundesfinanzminister Peer Steinbrück, sei »ein wichtiges Signal, damit es zu einer Beruhigung kommt und nicht zu Reaktionen, die unverhältnismäßig wären.«

Bleiben Sie ruhig, und verlassen Sie nicht Ihre Wohnungen. Das war die Botschaft des Auftritts von Merkel und Steinbrück. Niemand braucht zu seiner Bank zu gehen und sein Geld abzuheben. Nur keine Panik. »Die Gesichter zu den dürren Sätzen sagen etwas anderes«, schrieb der *»Stern«*-Reporter Jan Boris Wintzenburg wenige Tage nach dem denkwürdigen Auftritt. »Die Wut in Steinbrücks Augen. Die tief gegrabenen Furchen um Merkels Mund. Das zu Berge stehende Resthaar des Finanzministers. Die zu einem Strich zusammengekniffenen Lippen der Kanzlerin. Diese Gesichter sagen: Oh Gott, was kommt noch?«

Viel hätte nicht gefehlt, und Deutschland hätte den ersten flächendeckenden Bank-Run seit 1931 erlebt. Wie die britischen Kunden der gescheiterten Hypothekenbank Northern Rock hätten die Deutschen um ein Haar die Bankfilialen gestürmt, um ihr Geld abzuheben. Manche Banker in Frankfurt haben in den Tagen nach der Pleite der US-Investmentbank Lehman Brothers am 15. September 2008 täglich am Geldautomaten das Tageslimit abgehoben – aus Sorge, später nicht mehr an ihre Ersparnisse zu kommen. In ganz Deutschland schoss ab Mitte September 2008 die Nachfrage nach Bargeld in die Höhe. Besonders gefragt waren große Scheine, vor allem 500-Euro-Noten. »Im Oktober stiegen die Nettoauszahlungen dieser Stückelung immens an; die Nachfrage normalisierte sich erst wieder Ende des Monats«, berichtet die Deutsche Bundesbank im Juli 2009 in ihrem Monatsbericht.

11,4 Milliarden Euro ließen sich die Anleger im Oktober 2008 in 500-Euro-Scheinen auszahlen – mehr als zehnmal soviel wie in einem normalen Monat. »Insgesamt kam es im Oktober 2008 über einen längeren Zeitraum zu betragsmäßig hohen Auszahlungen, wohingegen die Einzahlungen gegenüber den Vorjahrswerten relativ konstant blieben.« Ihren Höhepunkt erreichte die Abhebewelle erst einige Tage nach Merkels und Steinbrücks denkwürdigem Auftritt: Der 10. Oktober 2008 war laut Bundesbank der auszahlungsstärkste Tag während der Finanzkrise, 4,2 Milliarden Euro hoben die Deutschen an diesem Tag ab. Die Einzahlungen summierten sich am gleichen Tag nur auf 1,5 Milliarden Euro.

In der Bundesregierung war die Furcht vor einer Panik in der Bevölkerung groß. So groß, dass die Bundeskanzlerin im Herbst 2008 die Chefredakteure aller wichtigen überregionalen Zeitungen zu einer geheimen Hintergrundrunde einlud und sie um eine besonnene Berichterstattung bat.

Bei den Regierungen und Notenbanken rund um die Welt setzte sich – wahrscheinlich viel zu spät – die Erkenntnis durch, dass der Finanzkrise mit fallweisen Entscheidungen nicht mehr beizukommen war. Was die Länder brauchten, war ein strukturiertes und transparentes Verfahren dazu, wie der Staat mit wankenden Banken umgehen sollte. Und ziemlich schnell war klar: Helfen kann der Staat nur, wenn er Geld in die Hand nimmt. Viel Geld.

Kollabierende Banken reißen alles mit sich

An sich ist die Libertäre Partei in den USA eine Splittergruppe. In der Finanzkrise aber sprach die »Partei der Prinzipien« vielen Menschen aus dem Herzen. »Lasst sie vor die Hunde gehen!«, forderte Parteisprecher Andrew Davis mit Blick auf die angeschlagenen Banken und Versicherungen. »Sie sollen mit ihrem eigenen Geld für ihre Fehler bezahlen und daraus lernen.« Nicht nur Erzliberale, auch viele Linke dachten so: »Wir zahlen nicht für eure Krise«, lautete das Motto einer globalisierungskritischen Kampagne. Die eher linkslastige »Sprachkritische Initiative« kürte 2008 die Formulierung »Notleidende Banken« zum »Unwort des Jahres«. »Sie stellt das Verhältnis von Ursachen und Folgen der Weltwirtschaftskrise rundweg auf den Kopf«, lautete die Begründung. »Während die Volkswirtschaften in ärgste Bedrängnis geraten und die Steuerzahler Milliardenkredite mittragen müssen, werden die Banken mit ihrer Finanzpolitik, durch die die Krise verursacht wurde, zu Opfern stilisiert.«

Was wäre, wenn die Wirtschaftspolitik tatsächlich die Banker die Suppe allein auslöffeln ließe? Im Jahr 1983 hat ein damals 29-jähriger Volkswirt genau diese Frage untersucht. Am Beispiel der Großen Depression analysierte der junge Wissenschaftler, welche Folgen das Bankensterben für die Realwirtschaft hatte. Die Arbeit erschien im »American Economic Review«, einer der angesehensten ökonomischen Fachzeitschriften der Welt. Der Verfasser: ein gewisser Ben Bernanke, damals Professor an der Stanford University. Der gleiche Ben Bernanke, der heute als Chef der US-Notenbank Federal Reserve mit der größten Bankenkrise seit der Großen Depression kämpft.

Wer Bernankes Kurs in der Finanzkrise verstehen will, für den ist diese Arbeit Pflichtlektüre. Und wer sich durch das schlanke, nur 19-seitige Papier gearbeitet hat, kann nachvollziehen, warum vernünftige Wirtschaftspolitiker überall in der Welt alles versuchen, um einen Kollaps des Finanzsystems zu verhindern.

Die Banken, zeigte Bernanke 1983, sind für das Funktionieren einer hoch entwickelten Volkswirtschaft von übergeordneter Wichtigkeit. Wenn sie reihenweise kollabieren, ziehen sie die Realwirtschaft mit in die Tiefe. Denn Banken erfüllen eine zentrale ökonomische Rolle auf dem Finanzmarkt: Sie bringen Angebot und Nachfrage an Kapital zusammen. Sie sind damit wichtige Vermittler zwischen Sparern, die ihr Geld anlegen wollen, und Kreditnehmern, die investieren wollen und dafür Kapital brauchen. Dieses »Market Making« sowie das Sammeln von Informationen über potenzielle Schuldner sind laut Bernanke die wichtigsten Bank-Dienstleistungen.

Der Zusammenbruch des US-Finanzsektors Anfang der 30er-Jahre hat dazu geführt, dass dieser seine Aufgaben kaum noch erfüllen konnte. »Weil die realen Kosten der Vermittlungstätigkeit gestiegen waren, wurde es für Schuldner schwierig und teuer, an Kredite zu kommen«, schrieb Bernanke 1983. Erst diese Kreditklemme führte dazu, dass aus einem zwar ernsten, aber historisch keineswegs einzigartigen Abschwung eine »langwierige Depression« wurde. In seiner Arbeit zeigte Bernanke, dass das nicht nur theoretisch plausibel ist, er lieferte auch empirische Belege für seine These.

Mit dieser Argumentation betrat Bernanke 1983 Neuland. Zwar hatten die Ökonomen Milton Friedman und Anna Schwartz schon in den 60er-Jahren das Bankensterben für den Kollaps der Realwirtschaft verantwortlich gemacht. Anders als Bernanke hatten Friedman und Schwartz dies allerdings ausschließlich auf monetäre Faktoren zurückgeführt. Durch die Bankenzusammenbrüche sei die Geldmenge gesunken, was zum Schrumpfen von gesamtwirtschaftlicher Nachfrage, Wirtschaftsleistung und Beschäftigung geführt habe. Hätte die US-Notenbank damals anders reagiert und mehr Liquidität zur Verfügung gestellt, hätte die Große Depression vermieden werden können, argumentierten Friedman und Schwartz. Diese »monetäre Sicht« sei keineswegs falsch, betonte Bernanke, aber sie liefere eben auch keine vollständige Erklärung für das, was in den 30er-Jahren passiert sei. Die Finanzkrise habe nicht nur monetäre, sondern auch direkte reale Folgen für die Makroökonomie gehabt. Die Wirtschaftspolitik habe die Große Depression erst unter Kontrolle bekommen, als sie aktiv und massiv im Bankensektor intervenierte. Die Notprogramme zur Rettung der Finanzbranche seien wahrscheinlich »die einzigen New-Deal-Maßnahmen, die erfolgreich die wirtschaftliche Erholung gefördert haben«, so Bernankes Fazit.

Langfristig spürbare Folgen

Auch heute, acht Jahrzehnte nach der Großen Depression, gehören flächendeckende Bankenkrisen zum Schlimmsten, was Industrienationen wirtschaftlich passieren kann – zu diesem Ergebnis kommt eine ganze Phalanx von Studien: »Die Gesundheit der Finanzindustrie hat einen messbaren Einfluss auf makroökonomische Variablen«, lautet zum Beispiel das Fazit einer 2008 veröffentlichen Arbeit eines Forscherteams der US-Notenbank Federal Reserve um den Ökonomen Mark Carlson. In den Vereinigten Staaten gilt demnach seit Jahrzehnten ein klarer Zusammenhang: Wenn Banken in der Krise stecken, fahren sie ihre Kreditvergabe herunter. Dies wiederum führt dazu, dass Unternehmen weniger investieren. »Firmen haben dann nur noch beschränkten Zugang zu Krediten, was ihre Investitionsmöglichkeiten reduziert«, schreiben die Forscher.

Diese Wirkungskette gilt nicht nur in den Vereinigten Staaten, sondern auch in anderen Industrieländern, zeigt eine Mammutstudie eines Teams von IWF-Volkswirten um den Forscher Stijn Claessens. Sämtliche 122 Rezessionen, die es seit 1960 in den 21 wichtigsten Industrieländern gegeben hat, haben die Wissenschaftler im Detail analysiert. In 18 Fällen gingen die Konjunkturabschwünge mit Kreditklemmen einher, in 34 Fällen platzten Spekulationsblasen auf Immobilienmärkten, und 45-mal kollabierten die Aktienmärkte.

Rezessionen, die von einer Bankenkrise oder von fallenden Immobilienpreisen begleitet sind, erweisen sich stets als besonders verheerend. Der typische Abschwung dauert drei bis vier Quartale und frisst rund zwei Prozent der Wirtschaftsleistung auf. Die kürzeste Krise war schon nach sechs Monaten wieder ausgestanden, die längste dauerte mehr als drei Jahre an. Aber Rezession, so ein zentrales Ergebnis der Arbeit, ist nicht gleich Rezession. Ein Konjunktur-Crash, der mit einer Kreditklemme einhergeht, kostet zum Beispiel deutlich mehr Wirtschaftswachstum. Im Schnitt summiert sich das Minus des Bruttoinlandsprodukts dann auf rund vier bis sechs Prozent.

Die Folgen einer Kreditklemme sind in der Realwirtschaft erst mit einiger Zeitverzögerung zu spüren – typischerweise dauert es vier bis fünf Quartale, bis der Konjunkturabschwung einsetzt. Immerhin endet die Rezession meist ein halbes Jahr vor dem Credit-Crunch. Die Forscher sprechen von einer »Erholung ohne Kredite« – ein Phänomen, das Ökonomen hauptsächlich in Schwellenländern beobachtet haben, das offenbar aber auch in hoch entwickelten Staaten vorkommt.

Noch schlimmer als Kreditklemmen sind Hauspreis-Implosionen, die mit einer Rezession zusammenfallen. Die Wachstumseinbußen sind ähnlich groß wie bei einem Credit-Crunch. Zusätzlich führen Crashs auf dem Immobilienmarkt aber dazu, dass die Rezessionen spürbar länger dauern als sonst. Auffällig ist auch, dass der private Konsum durch fallende Immobilienpreise in aller Regel besonders stark einbricht. »Die Veränderungen der Immobilienpreise erweisen sich in unseren Berechnungen als die Variable, die für die Tiefe einer Rezession die wichtigste Rolle spielt«, heißt es in der Studie.

Weil seit 2007 in den Vereinigten Staaten Banken und Immobilienmarkt gleichzeitig in Flammen stehen, dürfte die derzeitige Rezession »schwerer sein als Rezessionen der Vergangenheit«, heißt es in der Untersuchung. »Vergleicht man die aktuelle Situation im Finanzsystem mit Erfahrungen aus der Vergangenheit, dann gibt es eine beachtliche Wahrscheinlichkeit eines scharfen wirtschaftlichen Abschwungs in den USA.«

Und die Folgen einer Währungs- oder Bankenkrise erweisen sich als überaus zäh. Wenn ein Land sie überhaupt je überwinden kann, dann braucht es dafür Jahre, stellen Valerie Cerra vom Internationalen Währungsfonds und Sweta Chaman Saxena von der Bank für Internationalen Zahlungsausgleich in einer Studie fest. Die Forscherinnen haben für 190 Staaten und den Zeitraum 1960 bis 2001 untersucht, welche Folgen Banken-, Finanz- und Staatskrisen für Wachstum und Wohlstand der Volkswirtschaften hatten. »Produktionseinbußen, die mit Finanzkrisen verbunden sind, erweisen sich als besonders hartnäckig«, lautet das Fazit. Turbulenzen im Bankensektor beschädigen gerade in hoch entwickelten Industrieländern den wirtschaftlichen Wohlstand beträchtlich – und das über einen längeren Zeitraum.

Natürlich geht auch die längste Krise irgendwann einmal zu Ende, natürlich springt irgendwann die Wirtschaft wieder an. Doch der alleinige Blick auf die Wachstumsraten führt in die Irre. Um die ökonomischen Folgen einer Krise beurteilen zu können, ist auch die absolute Höhe des Bruttoinlandsprodukts (BIP) entscheidend. Am besten lässt sich das Phänomen mit einem Zahlenbeispiel illustrieren. Stellen Sie sich ein Land vor, dessen Bruttoinlandsprodukt heute 1 000 Milliarden Euro beträgt. Bei einem jährlichen Wachstum von drei Prozent würde das BIP in zehn Jahren auf 1 344 Milliarden Euro klettern.

Was passiert aber, wenn das Land im ersten Jahr in eine Finanzkrise gerät und das BIP um fünf Prozent schrumpft? Selbst wenn sich die Wirtschaft schnell erholt und nach einem Jahr wieder mit drei Prozent wächst, läge das BIP nach zehn Jahren nur bei 1 240 Mrd. Euro. Um den durch die Finanzkrise verursachten Wohlstandsverlust innerhalb von einer Dekade aufzuholen, müsste die Wirtschaft nach der Krise jährlich um fast 4 statt um 3 Prozent wachsen. Solch eine Aufholjagd aber, stellen Cerra und Saxena fest, findet in der Realität so gut wie nie statt.

Akutmaßnahmen zur Schadenbegrenzung

»Herzinfarkt – jede Sekunde zählt!« Mit dieser Kampagne werben Gesundheitsverbände seit Jahren für schnelles Handeln bei Herzinfarkten. Die gleiche Regel gilt in Bankenkrisen. Wenn das Finanzsystem wankt, kommt es auf extrem schnelles Handeln an. »Maßnahmen zur schnellen Sanierung« des Eigenkapitals der Banken könnten helfen, die negativen Folgen für die Realwirtschaft spürbar einzudämmen, lautet ein zentraler Rat des IWF.

Was aber kann der Staat überhaupt gegen Finanzkrisen tun? Makroökonomen unterscheiden zwei Phasen der Rettung. Solange die Krise nicht unter Kontrolle ist, zählt nur die Akuthilfe, um eine Ausbreitung der Krise zu vermeiden. »In dieser Phase versuchen die Regierungen, das Vertrauen der Öffentlichkeit wiederherzustellen und die Folgen für die Realwirtschaft zu begrenzen«, schreiben die IWF-Forscher Luc Laeven und Fabian Valencia in einem Überblick über den Werkzeugkoffer, aus dem sich die Politik im Kampf gegen den Bankenkollaps bedienen kann.

Erst wenn sich der Rauch gelegt hat, weiß die Wirtschaftsforschung, kann die zweite Phase im Kampf gegen eine Bankenkrise beginnen: die finanzielle und organisatorische Restrukturierung des Bankensektors – zum Beispiel die kontrollierte Schließung von strukturell nicht überlebensfähigen Banken, die Fusion von Wackelkandidaten und die Re-Privatisierung von zwischenzeitlich verstaatlichten Geldhäusern.

Fast alle Instrumente, die der Politik zur Verfügung stehen, sind in der Jahrhundertkrise zum Einsatz gekommen – von einer flächendeckenden staatlichen Einlagengarantie über Notfall-, Liquiditäts- und Kapitalspritzen für Banken und die Änderung von Bilanzregeln bis hin zur Verstaatlichung von Probleminstituten und den Aufkauf von faulen Krediten durch die Regierung. Selbst eine Therapie, die wegen ihrer massiven Nebenwirkungen laut Laeven und Valencia nur in absoluten Extremsituationen angewandt werden sollte, verordnete die deutsche Bankenaufsicht auf dem Höhepunkt der Bankenkrise im Herbst 2008: das Einfrieren von Sparguthaben, eines der letzten Mittel im Kampf gegen einen Bank-Run. Betroffen waren die Kunden der isländischen Bank Kaupthing. »Das Einfrieren von Einlagen stiftet oft große Unruhe und bürdet den Sparern größte Lasten auf«, so die Forscher. Nur ein letztes, extrem drakonisches Mittel bleibt bislang noch im Giftschrank: die vorübergehende Schließung des gesamten Bankensystems: die berühmten »Bankfeiertage«, wie es sie in den frühen 30er-Jahren gab.

Auferstanden aus Ruinen – oder: Keynes 2.0

Wer einen deutschen Ökonomen diskreditieren möchte, braucht ihn nur »Keynesianer« zu nennen. Seit Jahrzehnten ist das für Volkswirte hierzulande ein Schimpfwort. Keynesianer, so der Tenor in der hiesigen Ökonomen-Zunft, sind Ewiggestrige, die veralteten Ideen folgen; Gewerkschaftsfreunde, die höheren Löhnen das Wort reden und von moderner VWL keine Ahnung haben.

Doch durch die Jahrhundertkrise wendet sich das Blatt rasant. Die Weltrezession hat Keynes und seine Konjunkturprogramme über Nacht rehabilitiert. Die US-Regierung kämpft mit dem größten schuldenfinanzierten Konjunkturpaket der Menschheitsgeschichte gegen den Fallout der Krise. Allein 2009 und 2010 nimmt sie dafür 787 Milliarden US-Dollar in die Hand. Auch die Bundesregierung, die sich noch bis Ende 2008 mit Händen und Füßen gegen ernsthafte Konjunkturpakete gewehrt hatte, beugte sich schließlich der Notwendigkeit. 84,9 Milliarden Euro gibt Deutschland 2009 und 2010 insgesamt für die Rettung der Konjunktur aus.

Selbst Wirtschaftswissenschaftler, die keynesianischem Gedankengut normalerweise extrem skeptisch gegenüber stehen, halten diesen Kurs für richtig. So etwa Martin Feldstein, ein betont konservativer Harvard-Ökonom: Seit den 70er-Jahren hat er »Mehr Markt, weniger Staat« propagiert; in der größten Krise seit der Großen Depression aber, so ist Feldstein überzeugt, können nur massive staatliche Konjunkturprogramme die Wirtschaft vor dem Kollaps retten. »Die Staatsausgaben müssen steigen – und zwar schnell und deutlich«, sagte Feldstein 2009 auf der Jahrestagung der American Economic Association in San Francisco. Leicht falle ihm dieser Rat nicht, schließlich sei er in Budgetfragen eigentlich ausgesprochen konservativ, räumte er ein. Aber es gebe einfach keine Alternative. »Vor zwei Jahren noch herrschte breiter Konsens, dass Fiskalpolitik nicht sinnvoll ist«, sagte Feldstein. »Heute sprechen sich auch Forscher, die noch vor kurzem sehr ablehnend waren, dafür aus.«

Keynes ist zurück. Das merkt auch Florian Simon, geschäftsführender Gesellschafter beim Berliner Wissenschaftsverlag Duncker & Humblot. Dort erscheint seit 1936 die deutsche Übersetzung von Keynes' Hauptwerk, der *»Allgemeinen Theorie der Beschäftigung, des Zinses und des Geldes«*. Seit Ausbruch der Finanz- und Wirtschaftskrise hat Duncker & Humblot so viele Exemplare verkauft wie nie zuvor. »Je größer die Krise, desto größer das Interesse an Keynes«, berichtet Simon. Im Herbst 2008 hatte Duncker & Humblot ernsthafte Lieferschwierigkeiten, 2009 brachte der Verlag eine überarbeitete Neuauflage der »Allgemeinen Theorie« auf den Markt. »Obwohl Keynes vor über einem halben Jahrhundert gestorben ist, bleibt seine Diagnose von Rezessionen und Depressionen die Grundlage der modernen Makroökonomie«, betont Harvard-Ökonom Greg Mankiw. »Seine Erkenntnisse bringen uns bei der Erklärung der heutigen Herausforderungen ein gutes Stück weiter.«

Irrungen und Wirrungen

Allerdings hat Keynes so seine Tücken. Die »Popularisierung der Keynes'schen Theorie«, schrieb der Wirtschaftswissenschaftler Karl Eman Pribram in seiner »Geschichte des ökonomischen Denkens«, habe jede Menge »Verwirrung« mit sich gebracht. Schon 1948 klagte der Harvard-Professor John H. Williams über die »schiere Masse und die Überschwänglichkeit der Behauptungen«, die Keynes' Anhänger in dessen Namen machen.

Heute gilt: Alle reden über Keynes, viele kaufen seine Werke, aber kaum jemand hat ihn wirklich gelesen *und* verstanden. In Debatten über seine Theorien und Empfehlungen schleichen sich oft Ungenauigkeiten, Vorurteile und Fehler ein. Wer die Diskussion über das Für und Wider von Konjunkturprogrammen verstehen und bewerten will, muss wissen, was in der *»Allgemeinen Theorie«* steht.

Selbst Top-Ökonomen geraten dabei schnell ins Schleudern. So schrieb der Harvard-Professor Robert Barro 2009 in einem Gastbeitrag für das *»Wall Street Journal«*: »John Maynard Keynes dachte, dass Löhne und Preise, die auf zu hohem Niveau verharren, das Hauptproblem sind«, wenn die Wirtschaft stagniert und Arbeitslosigkeit entsteht. Peinlich, peinlich – denn gründlicher kann man Keynes kaum missverstehen: Starre Löhne und Preise auf hohem Niveau waren für den 1946 gestorbenen Briten nie das Hauptproblem in Wirtschaftskrisen. Vehement und an mehreren Stellen betonte er das in der *»Allgemeinen Theorie«*. Nur ein »törichter Mensch« spreche sich für eine flexible Lohnpolitik aus, heißt es im 19. Kapitel. Und: Es bestehe »kein Grund für die Annahme, dass eine flexible Lohnpolitik einen Zustand dauernder Vollbeschäftigung aufrechtzuerhalten vermag.« Nicht die Löhne, sondern die »effektive Nachfrage« bestimme Produktion und Beschäftigung einer Wirtschaft.

Was heute unter keynesianischer Politik verstanden wird, ist eine spezielle Interpretation seiner Gedanken. »Es gibt viele Varianten von Keynesianern«, sagt der ehemalige Wirtschaftsweise und beste deutsche Keynes-Kenner Jürgen Kromphardt. »Welche Politik das Adjektiv keynesianisch verdient und welche nicht, ist zwischen ihnen höchst umstritten.« Allein zu der Frage, was der entscheidende Punkt in der »Allgemeinen Theorie« ist, gibt es die verschiedensten Meinungen. Zehn Positionen dokumentiert der Nürtinger Fachhochschul-Professor Gerhard Willke in seinem Buch *»John Maynard Keynes«*: Viele halten es für elementar, dass Keynes als Erster die gesamtwirtschaftliche Nachfrage herleitete, manche sehen seine Zinstheorie als das Wichtigste, andere, dass er als Erster die Rolle der Erwartungen für ökonomische Entscheidungen betonte.

Hinzu kommt: Keynes und Keynesianismus ist nicht dasselbe; genau genommen ist Keynes nicht einmal gleich Keynes. »Wir sollten unterscheiden zwischen seiner persönlichen Meinung und seiner Theorie«, betonte Harvard-Ökonom Williams bereits 1948. Keynes' Hauptwerk enthalte eine Reihe von Positionen, die nicht zu seiner Theorie passten und ihr teilweise sogar widersprächen.

Als Herzstück des Keynesianismus gelten heute schuldenfinanzierte, staatliche Investitionsprogramme. Doch ist das der wahre Kern von Keynes? Wer die Antwort in der *»Allgemeinen Theorie«* sucht, wird staunen. Das berühmte »deficit spending« wird dort nur am Rande erwähnt. Das vermeintlich ur-keynesianische Diktum, zwischen niedriger Arbeitslosigkeit und niedriger Inflation bestehe ein Zielkonflikt, ist überhaupt kein Thema. Es gibt auf 343 Seiten nur eine Grafik, wenige Tabellen und kaum mehr als ein Dutzend Formeln, dafür viele Schachtelsätze und Wenn-dann-Konstruktionen. »Keynes formuliert keine wirtschaftspolitische Programmatik«, betont Keynes-Kenner Willke. Schlussfolgerungen für die Politik ziehe er »eher beiläufig – und dann in der Form, dass er die Politikempfehlungen der Klassik zurückweist oder als verheerend brandmarkt«.

Der Kern von Keynes

Die beiden Generalthesen der *»Allgemeinen Theorie«* sind deutlich abstrakter als die heute gängige Keynes-Interpretation. Aber sie werden durch die seit 2007 tobende Finanz- und Wirtschaftskrise nachdrücklich bestätigt. Der Kapitalismus, so die eine wichtige Botschaft des Werkes, ist aus sich selbst heraus instabil und unfähig, aus eigener Kraft Vollbeschäftigung zu schaffen. Der Staat jedoch, das ist die zweite wichtige These, kann diese Schwäche in den Griff bekommen. Und zwar ohne gleich die Marktwirtschaft komplett abschaffen zu müssen.

Die argumentative Grundlage, auf der diese Botschaft steht, ist ziemlich technisch. Sie kreist um das Verhältnis von Ersparnissen und Investitionen – und um die Frage, wie sich diese beiden Größen in der Gesamtwirtschaft ins Gleichgewicht bringen lassen. Ausgangspunkt ist eine einfache Überlegung: Wer einen Teil seines Einkommens spart, kann dieses Geld nicht gleichzeitig ausgeben. Ersparnis bedeutet daher Nachfrageausfall: Es entsteht eine Lücke zwischen Angebot und Nachfrage. Und die kann nur durch Investitionen geschlossen werden. Vollbeschäftigung herrscht daher nur dann, wenn Investitionen und Ersparnisse gleich groß sind.

Vor Keynes waren Ökonomen überzeugt, dass das quasi automatisch der Fall ist, weil der Zins Ersparnis und Investitionen ins Gleichgewicht bringt. Keynes widersprach dieser These und zeigte: Es gibt keinen direkten Mechanismus, der Ersparnisse und Investitionen in Einklang bringt. Historisch betrachtet sei der Hang zum Sparen größer als die Neigung zum Investieren. Nachfragemangel sei daher wahrscheinlich.

Für den Arbeitsmarkt sei das fatal, so Keynes. Die Folge: Massenarbeitslosigkeit, »der öffentliche Skandal ungenutzter Ressourcen« wie es Keynes formulierte.

Hier kommt für Keynes die Wirtschaftspolitik ins Spiel. Diese soll die Investitionen so steuern, dass die Nachfrage stabil ist und Vollbeschäftigung herrscht. Die Geldpolitik, die für niedrige Zinsen sorgt, wird dafür alleine nicht reichen, vermutete er. Nötig seien auch schuldenfinanzierte Investitionsprogramme des Staates. Diese Argumentation bildet letztlich die theoretische Basis für die milliardenteuren Rettungspakete, die die Regierungen seit Herbst 2008 im Kampf gegen die Finanzkrise beschlossen haben und die im Sommer 2009 erste Wirkungen zeigten.

Allerdings hatte Keynes mehr Vertrauen in die Fähigkeiten des Staates, als nach den Erfahrungen der vergangenen Jahrzehnte sinnvoll erscheint. Der Brite war überzeugt, dass der Staat oft bessere Investitionsentscheidungen trifft als die Privatwirtschaft, weil er klarer als individuelle Investoren den Nutzen der Projekte »auf lange Sicht und auf der Grundlage des allgemeinen sozialen Wohls berechnen« könne. Die Regierung werde im Laufe der Zeit »eine immer wachsende Verantwortung für die unmittelbare Organisation der Investitionen übernehmen«. Ohne eine »ziemlich umfassende gesellschaftliche Steuerung der Investitionen« sei Vollbeschäftigung nicht möglich.

Diese Forderung enthielt politisches Dynamit. »Einem Publizisten des 19. Jahrhunderts oder einem zeitgenössischen amerikanischen Financier« müsse sie »als ein schrecklicher Eingriff in die persönliche Freiheit erscheinen«, schrieb Keynes. Doch die »Ausdehnung der Aufgaben des Staates« sei »das einzige durchführbare Mittel, die Zerstörung der bestehenden wirtschaftlichen Formen in ihrer Gesamtheit zu vermeiden«. Mehr Staat sei letztlich die Voraussetzung, um die wirtschaftliche Freiheit des Einzelnen zu bewahren.

Keynes will den Kapitalismus also nicht abschaffen, sondern retten. Ausdrücklich betont er, seine Analyse liefere »keine offensichtliche Begründung für ein System des Staatssozialismus«. Die von ihm diagnostizierten Probleme ließen sich lösen, auch wenn die Produktionsmittel im Privatbesitz blieben.

Keynes in der Praxis: Aufstieg und Fall

Der politische Einfluss seiner Ideen war enorm. In den 30er-Jahren stieg der Staatseinfluss in der Wirtschaft dramatisch. 1928, unmittelbar vor dem Ausbruch der Großen Depression, summierten sich die Staatsausgaben in den USA noch auf zwölf Prozent des Bruttoinlandprodukts. Zehn Jahre später, im Zuge des Kampfs gegen die Große Krise, hatte sich die Staatsquote verdoppelt. Aus heutiger Sicht war sie aber noch immer extrem niedrig. 2006, vor dem Ausbruch der zweiten Weltwirtschaftskrise, lag die Staatsquote in den USA bei 36 Prozent. In vielen westeuropäischen Industrieländern beläuft sie sich auf 45 Prozent und mehr.

Die große Zeit des Keynesianismus waren die 50er- und 60er-Jahre. Begeistert vom Glauben an die Feinsteuerung der Konjunktur, versuchten die westlichen Regierungen, durch die Steuerung der öffentlichen Ausgaben und eine flexible Geldpolitik die wirtschaftlichen Schwankungen zu zähmen. Auf den ersten Blick gelang das eine Weile: Ernsthafte Wirtschaftskrisen blieben in den ersten beiden Nachkriegsjahrzehnten aus, der Arbeitsmarkt war in guter Verfassung. In den USA lag die Arbeitslosenquote von 1950 bis 1970 im Schnitt bei 4,6 Prozent.

Doch Anfang der 70er-Jahre bekam die antizyklische Fiskalpolitik ihre Grenzen aufgezeigt: Der Ölpreisschock stürzte die Industrieländer in die erste ernsthafte Wirtschaftskrise seit dem zweiten Weltkrieg. Und ausgerechnet bei dieser Bewährungsprobe versagten die keynesianischen Instrumente auf ganzer Linie. Die Wirtschaft schrumpfte, die Arbeitslosigkeit stieg. Niedrige Zinsen und teure Konjunkturprogramme trieben nicht Wachstum und Beschäftigung, sondern nur die Inflation. Die Industrieländer erlebten eine Kombination aus Stagnation und Inflation. Eine Situation, die es nach keynesianischer Logik nicht geben konnte und für die erst ein neues Wort erfunden werden musste: »Stagflation«.

So schnell, wie der Keynesianismus 40 Jahre zuvor zur Mehrheitsmeinung geworden war, so schnell ging er in den 70er-Jahren wieder unter. Seine Methoden, gerade noch als Stand der Forschung akzeptiert, galten urplötzlich als »schlechte

Wissenschaft«. Die Keynes-Kritiker um Milton Friedman, Robert Lucas und Thomas Sargent entwickelten neue Makro-Modelle, mit denen sie ihre Botschaft wissenschaftlich zu belegen versuchten: Die Marktwirtschaft sei viel stabiler als von Keynes gedacht, staatliche Interventionen in die Wirtschaft seien weitgehend wirkungslos. Der Staat solle sich besser aus der Wirtschaft heraushalten. Jeder Versuch, die Beschäftigung über niedrigere Leitzinsen oder höhere Staatsausgaben zu erhöhen, wirke auf Dauer destabilisierend.

Viele der tonangebenden Ökonomen in Deutschland sind bis heute davon überzeugt, dass der Staat von der Konjunkturpolitik am besten ganz die Finger lassen sollte. So kritisierte der wissenschaftliche Beirat des Bundeswirtschaftsministeriums im März 2008 schuldenfinanzierte Konjunkturprogramme als teuer, unwirksam und eigentlich durchweg überflüssig. Ob es überhaupt je eine »gesamtwirtschaftliche Gleichgewichtsstörung« gebe, um die die Theorien von Keynes kreisen und in der der Staat gefragt ist, sei zweifelhaft. Wenn, dann sei so eine Situation »so selten, dass man sich nicht aus Furcht vor ihr gleichsam ständig in Alarmbereitschaft setzen darf, um verschuldungsbedingt die gesamtwirtschaftliche Nachfrage zu manipulieren«. Wer für aktive Fiskalpolitik plädiere, heißt es in dem Papier, könne »sich auf Einsichten und Überzeugungen, die in der Nationalökonomie vorherrschen, nicht mehr berufen«.

Doch das ist nicht die ganze Wahrheit.

Der neue Keynes

Schon seit Mitte der 90er-Jahre gibt es eine neue, immer einflussreichere Strömung in der Makroökonomie, die Keynes zumindest teilweise rehabilitiert. Anhänger dieser Denkschule, die sich bewusst »Neu-Keynesianer« nennen, lehren an den besten Universitäten und publizieren in den anspruchsvollsten Zeitschriften; ihre Modelle gehören zu den Standardwerkzeugen der westlichen Notenbanken. Jordi Galí, international renommierter Neu-Keynesianer und Professor an der Universität Pompeu Fabra in Barcelona, fasst eine Quintessenz der Forschung so zusammen: »Konjunkturschwankungen – vor allem Rezessionen und hohe Arbeitslosigkeit – sind zu einem gewissen Grad nicht wünschenswert, und sie sind vermeidbar.« Wirtschaftspolitik könne die negativen Folgen von Konjunkturschwankungen abmildern. In dieser Hinsicht, schreibt Galí, hätten Keynes und seine Anhänger Recht gehabt. »Was ihnen fehlte, waren die Instrumente, um ihre Erkenntnisse umzusetzen.«

Mit modernen Methoden haben die Neu-Keynesianer festgestellt: Fiskalpolitik wirkt, schuldenfinanzierte Ausgabenprogramme und Steuersenkungen haben sehr wohl positive Wachstumswirkungen. Allerdings ist ihr Wirkungsgrad deutlich geringer, als Keynes in den 30er-Jahren vermutet hatte. Eine solche Politik ist also teuer. Keynes hatte 1936 geschätzt: Für jeden Dollar, den der Staat ausgibt, steigt das Bruttoinlandsprodukt um rund 2,50 Dollar. Er ging also von einem Multiplikator von 2,5 aus. Wenn er in dieser Größenordnung läge, würde sich Konjunkturpolitik quasi von alleine finanzieren. »Öffentliche Arbeiten von selbst zweifelhaftem Nutzen«, schrieb er in der *»Allgemeinen Theorie«*, »mögen sich in Zeiten großer Arbeitslosigkeit um ein Vielfaches bezahlt machen.« Heute ist klar: Das ist Wunschdenken. Konjunkturpolitik wirkt zwar, aber bei weitem nicht so stark, wie Keynes erwartet hatte.

So kamen Olivier Blanchard, Professor am MIT und derzeit Chefökonom des Internationalen Währungsfonds, sowie der Mailänder Ökonom Roberto Perotti 2002 zu dem Schluss: Wenn die US-Regierung in den Jahren nach 1947 die Staatsausgaben erhöhte, stieg nicht nur die Wirtschaftsleistung, sondern auch der private Konsum – ein Ergebnis quasi aller keynesianischen Modelle, wie die Forscher betonten. Allerdings: »Die Multiplikatoren sind in den meisten Fällen gering und liegen oft in der Nähe von eins.« Multiplikatoren, die größer als null, aber kleiner als eins sind, bedeuten: Nachfrage-Politik ist zwar immer noch wirksam – zum Beispiel mit Blick auf die gesamtwirtschaftliche Beschäftigung. Aber ihr Wirkungsgrad ist vergleichsweise gering, weil sie die private Nachfrage nicht stimuliert, sondern teilweise verdrängt.

Andere Ökonomen sind nicht ganz so skeptisch. Für die Zeit nach dem zweiten Weltkrieg und die US-Wirtschaft kam eine 2007 veröffentlichte Studie von Jordí Gali und Kollegen zu dem Schluss: Wenn die Regierung die Staatsausgaben um einen

Dollar erhöht, ist die Wirtschaftsleistung zwei Jahre später um 1,74 Dollar höher – unter anderem, weil der private Konsum um 0,95 Cent gestiegen ist. Volkswirte, die die US-Regierung beraten, gehen von ähnlichen Effekten aus. Sie vermuten, dass für jeden Dollar zusätzlicher Staatsausgaben das reale Bruttoinlandsprodukt um 1,60 Dollar steigt. Bis Ende 2010 dürften dadurch drei bis vier Millionen neue Jobs entstehen, prognostizieren die Obama-Ratgeber Christina Romer und Jared Bernstein.

Neben der Wirksamkeit ziehen eingefleischte Keynes-Kritiker auch die Machbarkeit von Fiskalpolitik in Zweifel. Konjunkturpakete, so die Kritik, wirkten erst dann, wenn die Rezession schon wieder vorbei sei. »Fine-tuning«, sagte Milton Friedman 1968, »ist in unserem elektronischen Zeitalter ein wunderbar klingender Begriff, hat aber wenig mit dem zu tun, was praktisch möglich ist.« Zwischen dem Moment, in dem der Staat einen Abschwung feststelle, bis zur Umsetzung der Nachfragepolitik vergehe zu viel Zeit – unter anderem wegen des parlamentarischen Prozesses und der oft langwierigen Genehmigungsverfahren neuer Infrastrukturprojekte.

Zwei Volkswirte des Internationalen Währungsfonds (IWF) entziehen auch diesem Argument zumindest teilweise den Boden. Konjunkturpolitik ist – mit Abstrichen – sehr wohl machbar, zeigen die Forscher Daniel Leigh und Sven Jari Stehn. In den USA, Kanada und Großbritannien seien staatliche Konjunkturpakete seit den 80er-Jahren stets zum richtigen Zeitpunkt gekommen – nämlich dann, als es mit der Wirtschaft bergab ging. Im Schnitt habe der Staat dort im ersten Jahr eines Abschwungs für einen Wachstumsimpuls von 0,8 Prozentpunkten des Bruttoinlandsprodukts gesorgt. Anders sehe es in Deutschland, Frankreich und Italien aus: Dort habe die Fiskalpolitik eher prozyklisch gewirkt und damit das Wachstum um 0,4 Prozentpunkte abgebremst.

Konjunkturhilfen – wohl dosiert

Insgesamt gilt: Einen Freibrief für eine bedenkenlose keynesianische Wirtschaftspolitik kann man aus der neueren Forschung nicht ableiten. Der Machbarkeitswahn der 50er- und

60er-Jahre, in denen Volkswirte davon überzeugt waren, Konjunkturschwankungen komplett ausrotten zu können und an eine Feinsteuerung der Wirtschaft glaubten, ist heute als große Illusion entlarvt. Daran ändert auch die neu-keynesianische Forschung nichts. Die damaligen Wirtschaftspolitiker agierten wie Ärzte, die jede harmlose Erkältung mit Antibiotika bekämpfen. Der Effekt: Die Medizin verlor ihre Wirkung.

Die IWF-Volkswirte Leigh und Stehn finden in ihrer Studie zudem klare Belege dafür, dass die Regierungen zwar gerne im Abschwung die Staatsausgaben erhöhen, sich aber im Aufschwung wesentlich schwerer damit tun, sie wieder zurückzufahren. Die Gefahr dabei ist ein dauerhafter Anstieg der Staatsverschuldung, was die langfristigen Wachstumsperspektiven der Volkswirtschaft schmälert. Hinzu kommt ein weiteres Problem: In normalen Konjunkturzyklen ist es extrem schwer, einen Abschwung im richtigen Moment zu erkennen, weil erste Schätzungen zur Konjunkturlage stets unsicher sind. Oft müssen die Statistikämter ihre Zahlen nachträglich korrigieren, dadurch ändert sich das Konjunkturbild im Nachhinein komplett.

Aber trotz aller gut begründeten Argumente gegen eine permanente keynesianische Feinsteuerung der Konjunktur gilt auch: Die andere Extremposition, nach der sich der Staat am besten nie in das Konjunkturgeschehen einmischen sollte, ist ebenso diskreditiert. In Ausnahmesituationen wie der zweiten Weltwirtschaftskrise muss der Staat gegensteuern, um einen Zusammenbruch der Realwirtschaft zu verhindern. Diese Politik ist zwar teuer und kann keine Wunder vollbringen, ist aber ohne Alternative. Jeder Euro, der 2009 und 2010 für wirksame Konjunkturprogramme ausgegeben wird, ist daher ein guter Euro.

Aber was sind wirksame Konjunkturprogramme? Macht es konjunkturpolitisch Sinn, das Verschrotten von funktionsfähigen Autos zu subventionieren? Sollte der Staat lieber die Einkommensteuern oder die Gewinnsteuern für Unternehmen senken? Oder doch besser Bargeld an seine Bürger verteilen? Die ökonomische Forschung der vergangenen 25 Jahre hat zu diesen Fragen erstaunlich wenig zu sagen, und auch beim Altmeister selbst sucht man danach vergeblich.

Aus Keynes' Theorie lassen sich nur vergleichsweise abstrakte Empfehlungen für die konkrete Wirtschaftspolitik ableiten. Gerhard Willke verdichtet sie auf drei Gebote und zwei Verbote: Geboten seien niedrige Zinsen, schuldenfinanzierte Investitionen und eine Umverteilung von Einkommen hin zu Verbrauchern mit wenig Geld; verboten sei in der Krise eine Senkung der Löhne und der Staatsausgaben.

Roosevelt als Vorbild

US-Präsident Franklin Delano Roosevelt erschien im Kampf gegen die erste Weltwirtschaftskrise kaum eine Idee zu abwegig. Quer durch die Einsamkeit der Blue Ridge Mountains ließ er zum Beispiel eine 755 Kilometer lange Straße bauen. Arbeitslose Frauen in Milwaukee nähten im Auftrag der US-Regierung in liebevoller Handarbeit Tausende von Puppen. Journalisten ohne Job schickte der Staat quer durch die USA, damit sie Reiseführer über jeden Winkel des Landes schrieben.

So kreativ all diese Programme auch gewesen sind – ihr direkter Nutzen im Kampf gegen die Große Depression war wohl eher gering, zeigen verschiedene Studien. Roosevelts »New Deal« hat zwar dazu geführt, dass zwischen 1934 und 1936 das reale Bruttoinlandsprodukt pro Jahr um 9 bis 13 Prozent wuchs. Aber als die Regierung 1937 die Staatsausgaben wieder zurückfuhr, hat sich das Wachstum wieder deutlich verlangsamt. »Diese Episode ist eine wichtige Warnung für die heutige Wirtschaftspolitik«, betont die Berkeley-Ökonomin Christina Romer, Beraterin von US-Präsident Barack Obama und Expertin für Fiskalpolitik in der Großen Depression. »Wir müssen sicher sein, dass der private Sektor wieder fest im Sattel sitzt, bevor die Regierung die Hilfe zurücknimmt.«

Aus den Erfahrungen der 30er-Jahre zieht sie den Schluss: In einer tiefen Wirtschaftskrise dürfe die Politik bei Konjunkturpaketen keine Skrupel haben. Man müsse klotzen, nicht kleckern. »Die schuldenfinanzierten Ausgabenpakete von Roosevelt waren zwar historisch beispiellos, weil vorher ausgeglichene Staatshaushalte die Norm waren.« Im Vergleich zum Ausmaß der wirtschaftlichen Probleme aber seien die Programme ziemlich klein gewesen. Im Jahr 1934 betrug das Haushaltsdefizit nur 1,5 Prozent des Bruttoinlandsprodukts

(BIP). 2009 dagegen reißt das Konjunkturprogramm der Obama-Regierung ein Defizit von rund zwölf Prozent des BIP in den Staatshaushalt. Dieses Paket, dessen ist sich die Obama-Beraterin sicher, werde nicht einfach verpuffen.

Wichtiger noch als die direkten ökonomischen Effekte von Roosevelts »New Deal« waren wahrscheinlich die psychologischen Wirkungen seiner Politik. Gauti Eggertsson, Ökonom im Forscherstab der Federal Reserve Bank of New York, liefert dafür in einer 2008 erschienenen Studie theoretische wie empirische Belege. »Die Erholung der US-Wirtschaft wurde durch einen grundlegenden Wandel der Erwartungen getrieben«, lautet sein Fazit. »Dieser Wandel wurde durch Roosevelts Politik verursacht.«

Bis zu Roosevelts Amtsantritt im Jahr 1933 hätten Unternehmer und Verbraucher damit gerechnet, dass die Wirtschaft weiter schrumpft und die Deflation andauert – und durch ihr Verhalten dafür gesorgt, dass dies der Fall war. Roosevelt habe es geschafft, diese negativen Erwartungen zu durchbrechen: Die Amerikaner fassten wieder Hoffnung, dass die Abwärtsspirale gestoppt werden könnte, und gaben mehr Geld aus. »Der Schlüssel für die Erholung war das erfolgreiche Management von Erwartungen gegenüber der zukünftigen Politik«, heißt es in der Studie.

Aber wie ist Roosevelt dieses Kunststück gelungen? Entscheidend war laut Eggertsson eine Kombination aus starker Rhetorik und Taten, die seine Worte glaubwürdig machten. Der 32. US-Präsident war mit dem Versprechen angetreten, die Deflation zu beenden und die Preise auf das Niveau von vor der Krise zu heben. Direkt nach seiner Amtsübernahme vollzog er einen grundlegenden politischen Paradigmenwechsel: Roosevelt hob den Goldstandard auf, verabschiedete sich vom Postulat des ausgeglichenen Haushalts und von der Devise vom schlanken Staat. »Dies stellt einen Regimewechsel dar, dessen Radikalität man kaum überschätzen kann«, betont Eggertsson. Roosevelt habe die Wirtschaftspolitik von Dogmen befreit, die bis dahin als unantastbar galten und den Handlungsspielraum der Vorgängerregierung unter Herbert Hoover massiv eingeschränkt hatten.

Die Folgen waren bemerkenswert: Roosevelt habe ein völlig neues Rahmenwerk für die Politik geschaffen. »Was sich dadurch änderte, waren die Erwartungen, wie die Leitzinsen und die Geldmenge in Zukunft gesetzt werden«, schreibt Eggertsson. Mit Roosevelts Amtsantritt schossen die Inflationserwartungen der Menschen in die Höhe, obwohl sich an den realwirtschaftlichen Gegebenheiten zunächst nichts geändert hatte.

Eggertsson untermauert seine Argumentation, indem er im Computer die Große Depression simuliert. In einem Modell hat er die bis 1933 gängigen Politikdogmen schlanker Staat, Goldstandard und ausgeglichener Staatshaushalt eingebaut und dieses Modell mit Wirtschaftsdaten aus den 20er- und 30er-Jahren gefüttert.

Durch Börsencrash und Bankenkrise sei es ab 1929 zu einem massiven negativen wirtschaftlichen Schock gekommen, in dessen Folge die Nominalzinsen auf Null fielen, während Wirtschaftsleistung und Preisniveau schrumpften. Eggertsson stellt fest: Eine Wirtschaftspolitik à la Herbert Hoover führte im Modell schnurstracks in die Depression.

In Eggertssons Modell-Ökonomie geht die Krise erst durch den »New Deal« zu Ende – und zwar zum allergrößten Teil deswegen, weil sich die Erwartungen änderten. 70 bis 80 Prozent der Erholung zwischen 1933 und 1937 gingen auf diese Komponente zurück. Nur die restlichen 20 bis 30 Prozent seien den direkten ökonomischen Effekten der Konjunkturprogramme zu verdanken. Ohne »New Deal« wäre der freie Fall der US-Wirtschaft dagegen auch 1933 und in den Folgejahren weitergegangen, zeigen die Simulationsrechnungen des Fed-Ökonomen. 1937 wäre die US-Wirtschaftsleistung nur halb so hoch ausgefallen wie 1929. Zum Glück kam es anders.

Teil III:
Die Lehren – was sich alles ändern muss

Retten als Risiko

Wenn es brennt, entstehen die schlimmsten Schäden oft nicht durch das Feuer selbst, sondern durch das Löschwasser der Feuerwehr. Eine wichtige Grundregel von Brandsanierern lautet daher: Löschwasser möglichst schnell abpumpen.

Ähnlich ist es beim Kampf gegen die zweite Weltwirtschaftskrise. Wie bei einem Wohnhausbrand führt an staatlichen Rettungseinsätzen für Finanzsystem und Realwirtschaft kein Weg vorbei – einerseits. Andererseits muss die Wirtschaftspolitik alles tun, um das Löschwasser so schnell wie möglich wieder abzupumpen. Sonst kann es zu schlimmen Folgeschäden kommen. Dabei ist eine schwierige Gratwanderung zu bewältigen: Wie die Erfahrungen mit der Großen Depression und der Japan-Krise zeigen, dürfen die Hilfen für Banken und Realwirtschaft erst dann wieder zurückgefahren werden, wenn Finanzsystem und Konjunktur wieder auf eigenen Beinen stehen können. Sobald dies aber der Fall ist, muss die Geld- und Wirtschaftspolitik schnell gegensteuern, um Kollateralschäden durch die Rettungsaktionen für die Wirtschaft zu vermeiden. Der richtige Zeitpunkt ist also entscheidend: Die Politik darf nicht zu früh, aber auch keinesfalls zu spät wieder zur Normalität zurückkehren.

Risiken gibt es eine ganze Reihe. So können Fehler bei der Rettung von Banken die Krise verlängern und verschärfen – vor allem dann, wenn Instituten auf die Beine geholfen wird, die eigentlich gar nicht lebensfähig sind. Fatal wäre auch, staatliche Hilfen für schwächelnde Industrieunternehmen zur Regel zu machen. Wie Studien zeigen, kann das längerfristig für das Wirtschaftswachstum zum Bremsklotz werden. In jedem Fall werden die Staatsschulden drastisch steigen, und das wird das Wachstum auf längere Sicht abbremsen – im schlimmsten Fall, wenn die Menschen das Vertrauen in die Politik verlieren, könnte gar der nächste Kollaps der Finanzmärkte drohen. Und nicht zuletzt wächst in dieser Zwangslage auch das Risiko der Inflation – doch da seien die Zentralbanken vor.

Dead Bank walking

Im Mai 2009 hatte die US-Notenbank Federal Reserve ausnahmsweise einmal gute Nachrichten zu verkünden. Zumindest sah es anfangs danach aus. Wochenlang hatte die Fed die amerikanischen Banken mit einem Stresstest gequält, um den weiteren Kapitalbedarf der Geldinstitute zu ermitteln. Neun US-Banken, so das Ergebnis des Tests, würden ohne frisches Eigenkapital durch die Krise kommen – zehn andere würden zusammen 75 Milliarden Dollar an neuem Eigenkapital brauchen.

Branchenbeobachter und Investoren an den Finanzmärkten hatten mit Schlimmerem gerechnet, die Börsen reagierten fast euphorisch: Nach langen, schlimmen Monaten der Baisse schnellten die Aktienkurse drastisch in die Höhe. Einige Banken nutzten die Gunst der Stunde und deckten sich schnell mit neuem Geld ein. So stockte die Investmentbank Morgan Stanley Anfang Mai ihr Eigenkapital um acht Milliarden Dollar auf, und die Bank of America sammelte bis Ende Mai 13,5 Milliarden Dollar ein.

Allerdings waren die Ergebnisse des Stresstests wohl zu schön, um wahr zu sein. Nach Berichten des *»Wall Street Journal«* haben die Chefs mehrerer US-Banken hinter den Kulissen wochenlang mit der Notenbank gefeilscht – mit Erfolg. Am Ende sei der in den Ergebnissen ausgewiesene Kapitalbedarf vieler Banken deutlich kleiner gewesen, als ursprünglich von der Fed ermittelt. So soll die Finanzlücke bei der schwer angeschlagenen Citigroup von 35 Milliarden auf 5,5 Milliarden Dollar geschrumpft sein. »Offenbar haben die Bankenchefs während der Stresstests massiv interveniert und die Fed dazu gedrängt, die positive Wirkung anstehender Geschäfte zu berücksichtigen«, berichtete das *»Wall Street Journal«*. Zudem handelten die Banken offenbar heraus, dass sie ihren Kapitalbedarf weiter reduzieren können, falls sie nach sechs Monaten bessere Ergebnisse ausweisen als von der Fed erwartet.

Für Wirtschaftswissenschaftler, die sich mit der Geschichte von Bankenkrisen auskennen, waren das höchst alarmierende Nachrichten. Denn sie deuteten darauf hin, dass die Politik in der Jahrhundertkrise einen aus der Vergangenheit bekannten Fehler wiederholt: Regierungen und Notenbanken, so zeigt die Erfahrung, räumen im Finanzsektor oft nicht konsequent genug auf. Sie legen bei der akuten Krisenbekämpfung zu viel Wert darauf, die vermeintliche Stabilität des Bankensystems zu erhalten. Auch klinisch tote Akteure werden häufig viel zu lange mit öffentlichen Geldern am Leben gehalten und erweisen sich dann als Milliardengrab. »Oft werden freigebig neue Kredite an illiquide Banken vergeben, die höchstwahrscheinlich trotzdem insolvent werden«, haben die IWF-Forscher Luc Laeven und Fabian Valencia beobachtet. Verbreitet sei auch der Fehler, die Schließung von Banken zu verzögern, obwohl es klare Hinweise auf deren Insolvenz gebe. »Solche Fehlentscheidungen untergraben oft eine erfolgreiche Langfrist-Lösung«, so Laeven und Valencia. Ein Schelm, wer bei dieser im Herbst 2008 veröffentlichten Analyse an den deutschen Immobilienfinanzierer Hypo Real Estate denkt, in den der deutsche Steuerzahler inzwischen mehr als 80 Milliarden Euro gepumpt hat.

Die Scheu, klinisch tote Banken kontrolliert zu schließen, kostet nicht nur viel Geld. Oft verschlimmert sich dadurch auch die Krise selbst. Denn es können »Zombie-Banken« entstehen – untote Institute, die versuchen, mit besonders günstigen Konditionen irgendwie über Wasser zu bleiben, und die gesünderen Banken das Leben schwer machen. Genau das erlebte Japan in den späten 90er-Jahren: In der dortigen Bankenkrise packte die Regierung ihre Geldhäuser mit Samthandschuhen an und verschleppte so jahrelang die überfällige Konsolidierung in der Finanzbranche.

»Jedes Mal, wenn ich höre, die Situation heute sei anders als in Japan, fühle ich mich ein bisschen mehr wie in Japan«, sagte Harvard-Ökonom Ken Rogoff auf der Jahrestagung der American Economic Association 2009 in San Francisco. Im Sommer 2009 monierte auch die Bank für Internationalen Zahlungsausgleich (BIZ), die Sanierung des Bankensektors in den Industriestaaten erfolge viel zu zögerlich: »Insgesamt haben die Regierungen möglicherweise nicht schnell genug reagiert, als es darum ging, problematische Vermögenswerte aus den Bilanzen der wichtigen Banken zu entfernen«, schrieb die »Bank der Notenbanken« in ihrem Jahresbericht 2009. Es bestehe »die Gefahr, dass die bisherigen wirtschaftspolitischen Maßnahmen zu kurz greifen, um das Bankensystem tatsächlich zu sanieren«.

Wenn es so kommen sollte, würde die Politik damit die Wirtschaftskrise weiter in die Länge ziehen. Denn die Erfahrung aus vergangenen Krisen zeigt: Solange die Probleme im Finanzsektor nicht gelöst sind, lässt sich auch eine durch eine Bankenkrise verursachte Rezession nicht überwinden. So führen »Zombie-Banken« auch zu »Zombie-Unternehmen«. Geldinstitute, die in Wahrheit pleite sind, drücken sich im Zweifel davor, notleidende Kredite offenzulegen und abzuschreiben – das würde ja den wahren Zustand ihrer Bilanzen offenbaren. Übermäßige Nachsicht kann also dazu führen, dass eigentlich dem Untergang geweihte Industrieunternehmen auf dem Markt bleiben – diese untoten Firmen verzerren den Wettbewerb, machen gesunden Konkurrenten das Leben schwer und verlängern so die Wirtschaftskrise.

In Japan waren Zombie-Unternehmen in den 90er-Jahren ein flächendeckendes Problem, zeigt ein Forscherteam um Ricardo Caballero, Professor am Massachusetts Institute of Technology, in einer Ende 2008 veröffentlichten Studie. Fast jedes dritte japanische Unternehmen existierte damals nur noch dank der Milde notleidender Banken. Überproportional viele Untote gab es in der Bau- und Immobilienbranche, die besonders heftig von der Wirtschaftskrise betroffen war. Wie lebende Tote in Horrorfilmen, die seelenlos und halb verwest Menschen jagen, richteten untote Unternehmen in der Wirtschaft gewaltige Schäden an, stellten die Forscher fest: In den Branchen, in denen besonders viele untote Firmen herumirrten, entstanden und verschwanden deutlich weniger Jobs als in weniger stark betroffenen Sektoren. Auch das Produktivitätswachstum in Zombie-verseuchten Branchen war deutlich schlechter. Gesunde Unternehmen, die mit Untoten konkurrieren mussten, investierten erheblich weniger – je nach Branche fielen die Investitionen der Unternehmen laut Studie um 20 bis 40 Prozent geringer aus.

Auch mit Blick auf die Zombie-Firmen gibt es in der aktuellen Krise beunruhigende Déjà-vu-Effekte: So wollen die Gläubigerbanken des angeschlagenen Familienkonzerns Schaeffler möglichst Abschreibungen auf ihre Kredite vermeiden, meldete das *Handelsblatt* im Juli 2009 – dafür würden sie es dem überschuldeten Unternehmen wohl erlauben, Zins- und Tilgungszahlungen bis 2010 auszusetzen.

Solange es im Finanzsektor knirscht, drohen auch staatliche Konjunkturprogramme zu versanden: »Wie das Beispiel Japans vor einem Jahrzehnt zeigt, können selbst umfassende Konjunkturpakete verpuffen, solange das System der Finanzintermediation nicht wieder funktioniert – solange also nicht wieder gewährleistet ist, dass die Finanzmittel problemlos von Sparern zu Investoren fließen können und dass die damit verbundenen Risiken von denen übernommen werden, die willens und in der Lage sind, sie zu tragen«, warnte die BIZ Ende Juni 2009. »In einem solchen Fall würde die Staatsverschuldung explodieren, ohne einen nachhaltigen Wirtschaftsaufschwung herbeizuführen.« Immerhin, bei der Berkeley-Ökonomin und Obama-Beraterin Christina Romer ist diese Botschaft angekommen: »Die Erholung des Finanzsystems und die der Realwirtschaft funktionieren nur Hand in Hand, das ist eine wichtige Lehre aus der Großen Depression.«

In den kontinentaleuropäischen Staaten aber scheint sich diese Erkenntnis noch nicht bei allen Politikern und Bankenaufsehen herumgesprochen zu haben. Zumindest hinkte die Alte Welt in puncto Aufräumarbeiten im Bankensektor deutlich hinter den Amerikanern her. So fragwürdig es zum Beispiel ist, dass die Fed die Ergebnisse der Banken-Stresstests schönte – immerhin gab es diese Tests in den USA überhaupt, und immerhin wurden ihre Ergebnisse für jede einzelne Bank veröffentlicht. Noch lange danach stritten in Europa Politik und Finanzbranche darüber, ob solche Stresstests überhaupt nötig und sinnvoll seien. Und selbst, wenn sich die Politik dazu durchringen könnte: Dass so detaillierte Ergebnisse wie in den USA veröffentlicht würden, wäre wohl undenkbar. »Deutschland und Frankreich versuchen letztlich, die Probleme in ihrem Bankensektor unter den Teppich zu kehren«, sagt eine Londoner Investmentbankerin. »In Wirklichkeit sind alle Banken pleite – nur traut sich das keiner zu sagen.«

Eine weitere Gefahr ist, dass die Regierungen ihre Aufräumarbeiten im Finanzsektor zu früh abbrechen, weil sie kurzfristige Positiv-Effekte ihrer Konjunkturprogramme mit einem selbsttragenden Aufschwung verwechseln: So betont die BIZ: »Irgendwann, möglicherweise schon bald, wird sich eine Normalisierung der realwirtschaftlichen Entwicklung abzeichnen. Das wird die Hoffnung wecken, dass der Wirtschaftsaufschwung der Sanierung der Bankbilanzen ein Ende setzt und kein weiterer Handlungsbedarf mehr besteht. Doch solange die Finanzintermediäre schwach bleiben, kann die realwirtschaftliche Erholung nicht von Dauer sein.«

Wie berechtigt diese Sorge ist, zeigt ein Bericht im Wirtschaftsteil der »*Zeit*«, der Ende Juni erschienen ist. »Peer Steinbrück denkt schon wieder ans Sparen«, berichtete das Blatt. Ausgerechnet die Bundesregierung, die im Herbst 2008 noch später als die meisten anderen Regierungen überhaupt den Ernst der Lage erkannte, will offenbar als erste die Staatshilfen für die Banken wieder kappen. Im Bundesfinanzministerium werde bereits ein Plan erarbeitet, wie der Rettungsschirm für die Banken möglichst bald wieder zusammengeklappt werden könne, berichtete die »*Zeit*«. »In globalen Zirkeln, zuletzt auf dem Treffen der Finanzminister der führenden Industriestaaten im italienischen Lecce, plädierten die Deutschen offen dafür, den Rückzug des Staates vorzubereiten.« Zum gleichen Zeitpunkt betonte die Bank für Internationalen Zahlungsausgleich in ihrem Jahresbericht dagegen, dass wichtige Banken wahrscheinlich noch deutlich mehr staatliche Hilfen brauchen, um ihre Bilanzen zu sanieren und ihre Kreditvergabe wieder hochfahren zu können.

Kommt Zeit, kommt Rat, kommt Vater Staat

Wenn der Staat schon angeschlagenen Banken hilft und Konjunkturprogramme auflegt – warum soll er dann nicht auch strauchelnde Unternehmen aus anderen Branchen unterstützten? Nicht nur populistische Politiker wie NRW-Ministerpräsident Jürgen Rüttgers (CDU) und Frankreichs Staatspräsident Nicolas Sarkozy machten sich seit Herbst 2008 für direkte Staatshilfen für alle möglichen Firmen stark. Auch viele Manager bettelten plötzlich darum – sogar der damalige Porsche-Chef Wendelin Wiedeking beantragte im Juni 2009 bei der staatlichen Kreditanstalt für Wiederaufbau ein Darlehen über 1,75 Milliarden Euro. Der gleiche Wiedeking, der vorher jahrelang stets großspurig gegen Subventionen gewettert hatte. »Notleidende Unternehmen und ganze Branchen werden heute mit staatlicher finanzieller Hilfe künstlich am Leben erhalten – angeblich vor allem deshalb, um die gefährdeten Arbeitsplätze zu erhalten. Dieses Versprechen wurde aber in der Vergangenheit selten eingehalten«, hatte Wiedeking noch im September 2006 in einem Interview betont. Und 1999 hatte er getönt: »Ein Luxusprodukt wie einen Porsche mit Hilfe von Steuermitteln zu bauen wäre für mich ein Unding.«

Auch der angeschlagene, fränkische Automobilzulieferer Schaeffler, der sich mit der feindlichen Übernahme des Konkurrenten Continental übernommen hat, der seit Jahren chronisch kranke Kaufhauskonzern Arcandor, der Chiphersteller Infineon und der Maschinenbauer Heidelberger Druck flehten um Staatshilfe. In der Jahrhundertkrise orientieren sich die Führungskräfte der deutschen Wirtschaft an einem Prinzip, das die deutsche Rockband »Element of Crime« seit 1993 in ihrem Song »Du wartest« besingt: »Kommt Zeit, kommt Rat, kommt Vater Staat«.

Und Vater Staat kam. Im März 2009 legte die Bundesregierung tatsächlich den 115 Milliarden Euro teuren »Wirtschaftsfonds Deutschland« auf. 75 Milliarden Euro davon sind für Bürgschaften gedacht, die restlichen 40 Milliarden Euro sollen als direkte Darlehen an Unternehmen fließen. Selbst direkte Staatsbeteiligungen an kriselnden Industrieunternehmen sind kein Tabu mehr. Bis zum Sommer erreichte die Bundesregierung eine Flut von Hilfsanträgen. Bis Anfang Juni hatten 1 375 Firmen Kredite in Höhe von insgesamt 6,3 Milliarden Euro beantragt. 479 Anträge im Volumen von gut 900 Millionen Euro wurden schon bewilligt. Unabhängig vom Deutschlandfonds sagten Bund und Länder allein dem angeschlagenen Autohersteller Opel Überbrückungskredite über 1,5 Milliarden Euro zu.

Mittel- bis langfristig ist dieser Kurs nicht nur teuer, sondern hochgradig riskant. So sinnvoll und nötig Nothilfen für angeschlagene Banken und Konjunkturprogramme sind, so gefährlich sind direkte Staatshilfen für Unternehmen aus der Realwirtschaft. Das hat gleich mehrere Gründe. So hat sich der Staat stets als ein ziemlich schlechter Unternehmer erwiesen. Versuche, Unternehmen oder ganze Branchen mit staatlichem Schutz vor dem Untergang zu bewahren, sind in aller Regel teuer gescheitert.

Wie bei hoher Inflation sind die schlimmsten Nebenwirkungen eines solchen Kurses aber nicht unmittelbar spürbar. Wenn der Staat reihenweise kollabierende Unternehmen auffängt, gerät schleichend einer der wichtigsten Motoren unseres Wohlstands durcheinander – der Prozess der »kreativen Zerstörung«. Dass alte Unternehmen und Branchen verschwinden, ist auf Dauer eine Voraussetzung dafür, dass neue Unternehmen und Jobs entstehen können, haben Wachstums- und Innovationsforscher festgestellt.

All die Argumente, die für die Rettung von Banken sprechen, treffen auf normale Industrie-Unternehmen nicht zu: Keine Firma in der Realwirtschaft ist so groß oder wichtig, dass ihr Kollaps den Rest der Wirtschaft destabilisieren könnte. Der Zusammenbruch eines Autokonzerns wäre zwar bitter für seine Beschäftigten, würde aber nicht den Rest der Branche ins Rutschen bringen. Schließlich würden Autofahrer bei einer Pleite eines Herstellers wohl kaum das Vertrauen in ihre Fahrzeuge verlieren. Die anderen Autokonzerne dürften sogar profitieren, weil sie die Marktanteile des gescheiterten Konkurrenten unter sich aufteilen könnten.

Aber sind nicht zumindest die großen Industriekonzerne gesamtwirtschaftlich so wichtig, dass der Staat sie nicht einfach pleite gehen lassen darf? Schon in den 50er-Jahren brachte der damalige General-Motors-Chef Charles Erwin Wilson dieses Argument. »Was gut ist für General Motors, das ist gut für das gesamte Land«, sagte er damals.

Tatsächlich ist eher das Gegenteil der Fall. Gerade Kleinbetriebe schaffen überproportional viele neue Jobs, zeigen Studien. In den 80er-Jahren schätzte der US-Wissenschaftler David Birch: In den USA entstehen mindestens zwei Drittel aller neuen Arbeitsplätze in Firmen mit weniger als 20 Mitarbeitern. Neuere Schätzungen bestätigen die Grundtendenz: »Kleinbetriebe schaffen mehr Arbeitsplätze, allerdings ist der Unterschied zu Großbetrieben kleiner, als die Ergebnisse von Birch nahelegen«, lautet das Fazit einer im Dezember 2008 veröffentlichten Studie eines Forscherteams um David Neumark (University of California, Irvine). 27 Prozent aller US-Firmen haben demnach weniger als 20 Mitarbeiter, aber sie schaffen zwischen 35 und 51 Prozent aller neuen Jobs.

Auch andere Studien sprechen dafür, dass die Bedeutung von Großunternehmen für die Gesamtwirtschaft weit überschätzt wird. So stellte Bernard Yeung, Professor an der Stern School of Business der New York University, fest: Je länger die immer gleichen Großunternehmen in einem Land die Oberhand haben, desto geringer ist dort das langfristige Wirtschaftswachstum. Je häufiger dominierende Firmen untergehen und von neuen Unternehmen verdrängt werden, desto stärker wächst der Wohlstand des Landes. »Besonders stark ausgeprägt ist dieser Effekt in hoch entwickelten Industriestaaten«, schreibt der Forscher. »Zu viel Stabilität bei den Großkonzernen bremst auf Dauer das Wachstum. Unsere Ergebnisse stützen die alte These von Schumpeter, nach der ein Prozess der kreativen Zerstörung eine Voraussetzung für nachhaltiges und langfristiges Wachstum ist.« In einer zweiten, noch unveröffentlichten Arbeit untersucht Yeung, ob sich stabile Großkonzerne positiv auf sozialpolitische Ziele wie Gleichheit und Freiheit in einem Land auswirken. Doch auch dafür lassen sich keine Belege finden.

Wenn der Staat Branchen oder Unternehmen schützt, sucht er sich dafür fast immer Verlierer aus. »Am deutlichsten wird dies bei der Handelspolitik«, schreibt ein Forscherteam um Richard Baldwin vom Graduate Institute in Genf in einer 2007 veröffentlichten Studie. »In den USA wie in Europa befinden sich die am stärksten geschützten Sektoren – die Landwirtschaft, die Textil- und Schuhindustrie, die Stahlbranche und die Werften – seit Jahrzehnten im Niedergang.«

Die Forscher erklären dieses »losers' paradox« damit, dass in sterbenden Branchen die Anreize für Lobbyarbeit deutlich größer sind. Daher würden Firmen, die ihren Zenit überschritten haben, viel lauter schreien. »In Wachstumsbranchen würde politischer Schutz, der höhere Gewinne ermöglicht, sofort neue Wettbewerber anlocken«, argumentieren die Wissenschaftler. Das würde die Profite schmälern.

In einer sterbenden Branche dagegen seien Marktzutritte unwahrscheinlicher. Solange staatliche Protektion nicht zu extrem hohen Gewinnen führe, kämen dort keine neuen Wettbewerber ins Spiel. Daher lohne sich Lobbyismus für Verlierer stärker als für Gewinner. »Es ist nicht so, dass sich die Politik die Verlierer aussucht, sondern die Verlierer suchen sich die Politik aus«, schreiben die Ökonomen.

Staatsschulden, wohin das Auge reicht

Eines sind die staatlichen Rettungseinsätze für Finanzsystem und Realwirtschaft in jedem Fall: teuer. Die Nothilfe der Politik reißt riesige Löcher in die öffentlichen Kassen. Die Jahrhundertkrise belastet die öffentlichen Haushalte in einem Ausmaß, das die menschliche Vorstellungskraft übersteigt. In Deutschland dürften die Staatsschulden nach Schätzungen des IWF zwischen 2006 und 2010 um über 500 Milliarden Euro steigen – auf rund 2000 Milliarden Euro oder 87 Prozent des Bruttoinlandsprodukts (BIP). In den USA schnellen die Staatsschulden in derselben Zeit von 62 auf 98 Prozent des BIP. So schnell und so stark sind die Staatsschulden seit Jahrzehnten nicht gestiegen.

Drei Effekte sind dafür verantwortlich. Die aktive Konjunkturpolitik macht nicht einmal den größten Teil aus – Steuersenkungen und staatliche Investitionen auf Pump kosten laut IWF bis 2010 rund 3,1 Prozent des BIP. Größere Löcher reißen die durch die Rezession fallenden Steuereinnahmen und die parallel steigenden Sozialausgaben. Dieser zweite Block dürfte für rund die Hälfte der Schuldenexplosion verantwortlich sein. Der dritte Kostenblock sind die Rettungspakete für den Finanzsektor. In Deutschland stattete der Staat die Banken bislang vor allem mit neuem Kapital aus und übernahm Garantien für Kredite zwischen Banken. Die direkten Kosten dafür summieren sich auf 3,7 Prozent des BIP. In den USA ist es fast doppelt so viel.

Nicht in dieser Zahl enthalten sind die staatlichen Garantien für die Bankeinlagen, denn diese belasten die Haushalte nicht unmittelbar, solange keine Bank zahlungsunfähig wird. Auch die Ausgaben für die im Sommer 2009 beschlossenen Bad Banks, in denen die Geldhäuser mit staatlicher Hilfe faule Kredite entsorgen können, fehlen in der Rechnung bislang.

Die wachsenden Schulden werden den Gestaltungsspielraum der Wirtschafts- und Sozialpolitik in den nächsten Jahrzehnten spürbar einschränken: Um sie bezahlen zu können, werden die Steuern steigen müssen. All dies wird das Wirtschaftswachstum weltweit langfristig bremsen – der Lebensstandard der Menschheit wird durch die Krise über Jahrzehnte langsamer steigen als bislang angenommen. Dieser Effekt der Krise wird für den Einzelnen nicht spürbar sein, weil die Entwicklung schleichend stattfindet. Ob der Wohlstand im Schnitt um 2 oder 1,5 Prozent zunimmt, spürt kein Mensch in seinem Alltag – doch über 10 oder 20 Jahre betrachtet führt es zu gewaltigen Wohlstandseinbußen.

Sollte sich die Weltwirtschaft ab der zweiten Jahreshälfte 2009 nicht langsam erholen, wie von vielen Volkswirten prognostiziert, käme alles nur noch schlimmer. Falls die Welt wie Japan in den 90er-Jahren eine Dauerkrise durchmacht, in der das Wachstum über Jahre stagniert, würden die Staatsschulden noch deutlich höher ausfallen. Und der IWF sieht weitere Haushaltsrisiken: So habe die Krise massiv Ersparnisse vernichtet, die für die Altersvorsorge gedacht waren. Besonders heftig getroffen hat es die US-Bürger, deren Altersvorsorge besonders stark auf eigenen Kapitalanlagen beruht. Dort wurden durch den Börsencrash allein 2008 private Ersparnisse für die Altersvorsorge in Höhe von 22 Prozent des BIP vernichtet, schätzt der IWF. »Die Regierungen könnten gezwungen werden, den Sparern, die Geld mit privaten Pensionsplänen verloren haben, zu Hilfe zu eilen.« Auch die Rücklagen, die Staaten für die Pensionen ihrer Beamten und Angestellten gebildet haben, sind dezimiert. Dies belastet die öffentlichen Haushalte zusätzlich. Besondere Risiken entstehen für Pensionskassen, die toxische Wertpapiere besitzen. Sobald die Lage wieder unter Kontrolle ist, gilt es, die Folgeschäden zu begrenzen. Sonst droht direkt der nächste Kollaps.

Die Schuldenexplosion, so der IWF, »wirft Fragen zur fiskalischen Solvenz auf« und könnte weiteres Chaos auf den Finanzmärkten verursachen. Im Juni 2009 hat die Rating-Agentur Standard & Poor's den Ausblick für britische Staatsanleihen wegen der explodierenden Staatsschulden von »stabil« auf »negativ« herabgestuft – zum ersten Mal seit den 80er-Jahren. Die sich abzeichnende Entwicklung der Staatsverschuldung in Großbritannien sei mit der Bestnote »AAA« für britische

Staatsanleihen kaum vereinbar. Experten fürchten, dass auch die Bonitäts-Bestnote »AAA« der Vereinigten Staaten wackeln könnte. Sollte das passieren, müssten die Länder deutlich höhere Zinsen für ihre Schulden bezahlen. Das würde die Staatshaushalte dann weiter belasten.

Die unmittelbare Gefahr eines Staatsbankrotts sieht der IWF dennoch nicht. Kopfschmerzen bereiten den Ökonomen eher indirekte, psychologische Folgen. Für sich genommen sei die Solvenz der Staaten durch den einmaligen Anstieg des Schuldenstands nicht gefährdet. Fundamentale Probleme entstünden erst, falls es zu einer sich selbst verstärkenden Schuldenspirale käme und die Länder die Zinslasten nur noch tragen könnten, indem sie neue Schulden aufnehmen. Das sei aber nicht in Sicht.

Nicht die reale Insolvenz der Staaten ist also laut IWF die größte unmittelbare Gefahr des Schuldenanstiegs, sondern die Angst davor an den Finanzmärkten. Die Menschen könnten das Vertrauen in die Finanzpolitik der Regierungen verlieren. Dann könnte es zu katastrophalen Verwerfungen auf den Finanzmärkten kommen. Investoren, die in Panik verfallen, wären nur zu deutlich höheren Zinsen bereit, den Staaten weiter Geld zu leihen. Das wiederum würde das gesamte Zinsniveau drastisch nach oben treiben und die Zinslasten für die Staaten deutlich erhöhen. Alles zusammen wäre Gift für die Konjunktur.

»Bislang«, betont der IWF, »war das Vertrauen der Akteure in die Solvenz der Staaten aber eher eine Quelle der Stabilität und hat geholfen, einen totalen Kollaps der Finanzmärkte zu verhindern.« Doch dieses Vertrauen sei ein flüchtiges Gut: »Die jüngere Geschichte zeigt, dass abrupte Reaktionen der Märkte möglich sind.«

Ein Gespenst namens Inflation

Mit jedem Euro neuer Schulden steigt für die Regierungen eine schlimme Versuchung: Sie können die reale Last der Verbindlichkeiten mindern, indem sie für höhere Inflation sorgen. Denn je höher die Geldentwertung, desto weniger drücken die Staatsschulden. Gutes Geld würde dann mit schlechtem zurückbezahlt.

Dass viele Menschen in der Krise Angst vor Inflation haben, ist nachvollziehbar: Schließlich überschwemmen die Zentralbanken – allen voran die Federal Reserve Bank – die Wirtschaft geradezu mit Bargeld. Bei Leitzinsen von nahe null können sich die Privatbanken kostenlos Geld bei der Notenbank leihen; zudem kauft die Fed Wertpapiere fast aller Art auf. Weil sie mit US-Dollars bezahlt, die sie selbst druckt, kommt dadurch automatisch mehr Liquidität in Umlauf – die Geldmenge steigt. Daher nennen Fachleute diese unkonventionelle Geldpolitik auch »quantitative Lockerung«. Erstmals eingesetzt hat die Bank of Japan diese Strategie Ende der 90er-Jahre, als Japan in der Dauerkrise steckte.

Die »quantitative Lockerung« kennt theoretisch keine Grenzen: »Als Notenbank kann die Fed so viel Geld schaffen, wie nötig ist, um Wertpapiere zu kaufen«, betonte Janet Yellen, Präsidentin der Federal Reserve Bank of San Francisco, 2009 auf der Jahrestagung der American Economic Association. Allein im Jahr 2008 hat die Fed mit solchen Aktionen ihre Bilanzsumme von 900 Milliarden Dollar auf 2 200 Milliarden aufgebläht. Im Frühjahr 2009 kündigte sie an, weitere 1 000 Milliarden Dollar auf den Markt zu werfen. Sogar der Ankauf von US-Staatsanleihen ist kein Tabu mehr. Damit werden Staatsschulden quasi über die Notenpresse finanziert. Jahrzehntelang war dies das größte Tabu in der Geldpolitik schlechthin, weil dies in normalen wirtschaftlichen Zeiten mit gewaltigen Inflationsgefahren verbunden ist.

In Deutschland werden Erinnerungen wach an die Hyperinflation der frühen 20er-Jahre. Millionen Deutsche verloren damals ihre Ersparnisse. Geldscheine über wahnwitzige Summen wie 50 Billionen Mark waren im Umlauf – am Ende war das Geld so wenig wert, dass die Menschen die Scheine lieber in ihren Kachelöfen verfeuerten, als damit einzukaufen. Zwischen 1922 und 1923 stieg der Preisindex von 1 auf 10 000 000 000. »Wer Anfang 1922 deutsche Staatsanleihen im Wert von 300 Millionen US-Dollar besaß, hätte mit dem Geld zwei Jahre später nicht einmal mehr zwei Bonbons kaufen können«, schreiben die US-Ökonomen Paul Samuelson und William Nordhaus in ihrem Lehrbuch-Klassiker *»Economics«*.

Hohe Inflation, das zeigen auch viele andere Episoden der Wirtschaftsgeschichte, ist wirtschaftlich eine absolute Katastrophe. Zum einen käme es dann wohl zu dem vom IWF befürchteten Chaos auf dem Finanzmarkt, weil die Investoren aus Staatsanleihen flüchten würden. Zum anderen ist galoppierende Geldentwertung aus einer Reihe von Gründen auch unmittelbar Gift für die Wirtschaft.

Jeder, der über Geldvermögen verfügt, wird damit auf kaltem Wege quasi enteignet. Getroffen wäre vor allem die Mittelschicht, die Superreichen dagegen verfügen über deutlich mehr Sachvermögen. Letztlich bedeutet hohe Inflation eine dramatische Einkommensumverteilung: weg von den Besitzern von Geldvermögen, hin zu den Besitzern von Sachwerten. Hohe Inflation schwächt auch die Banken: Die Schuldner können die Kredite mit wertlosem Geld zurückbezahlen.

Noch fundamentaler und gefährlicher ist eine weitere Folge von Hyperinflation: Steigen die Preise um 20, 100 oder 200 Prozent pro Jahr, kommt das gesamte System der Marktwirtschaft ins Stocken. Die Preise von Gütern sind wichtige Signale für Anbieter und Nachfrager. In normalen Zeiten signalisieren sie, welche Produkte vergleichsweise knapp und welche reichlich vorhanden sind. Wenn alle Preise permanent in die Höhe schießen, verlieren sie ihre Lenkungsfunktion. Dann kann der Mechanismus von Angebot und Nachfrage nicht mehr richtig funktionieren.

Was im ersten Moment ziemlich abstrakt und akademisch klingt, ist tatsächlich höchst relevant. Samuelson und Nordhaus erklären das Problem in ihrem Lehrbuch »*Economics*« mit einem konkreten Beispiel. »Wenn alle Supermärkte ihre Preise für Rind- und Schweinefleisch um 50 Prozent anheben, weiß ein kluger Verbraucher in normalen Zeiten: Jetzt ist die Zeit, mehr Hähnchenfleisch zu essen.« Ähnliches gelte, wenn Computer 90 Prozent billiger werden. Dann werde man es sich vielleicht überlegen, den alten Rechner auszutauschen. »In einer Wirtschaft mit hoher Inflation ist es viel schwieriger, zwischen relativen Preisveränderungen und einem allgemeinen Anstieg des Preisniveaus zu unterscheiden«, erklären Samuelson und Nordhaus. Wenn die Inflationsrate bei 20 oder 30 Prozent im Monat liegt, verändern die Geschäfte ihre Preise so häufig, dass relative Preisveränderungen in der Wahrnehmung von Anbietern und Nachfragern untergehen.

Aber wie wahrscheinlich ist es, dass das Preisniveau durch die Jahrhundertkrise außer Kontrolle gerät? Gute Argumente sprechen dafür, dass die Gefahr gering ist. Denn verglichen mit vielen anderen Risiken hat das Inflationsgespenst eine sehr sympathische Eigenschaft: Es ist ein alter Bekannter. Inflation ist so alt wie die Geschichte der Menschheit, schon in der griechischen Antike und im alten Rom war die Geldentwertung ein wirtschaftspolitisches Topthema. Wenig andere wirtschaftliche Phänomene sind so gut erforscht. Die Wissenschaft weiß seit Jahrzehnten sehr genau, wie wir übermäßige Geldentwertung stoppen können.

Und die Wirtschaftspolitik hat in den vergangenen Jahrzehnten auch die dafür nötigen Institutionen geschaffen. In den westlichen Industrienationen sind Notenbanken politisch unabhängig und per Gesetz der Wahrung der Geldwertstabilität verpflichtet. Auf die Wünsche von Politikern, die ihre Wiederwahl im Sinn haben, können und dürfen die Zentralbanken keine Rücksicht nehmen. Um die Inflation zu stoppen, können sie jederzeit die Leitzinsen erhöhen, im Zweifel auch in drastischen Schritten. Und die Liquidität, die sie über die quantitative Lockerung in den Markt gepumpt haben, können die Notenbanken ohne größere Schwierigkeiten wieder absaugen. Sie brauchen nur die Wertpapiere, die sie gekauft haben, wieder auf den Markt zu werfen und das Geld, das sie dafür bekommen, vernichten. »Die Bundesbank hat in den 70er- und 90er-Jahren gezeigt, dass auch eine politisch unpopuläre Stabilitätspolitik umgesetzt werden kann«, argumentiert der Frankfurter Geldpolitik-Experte Volker Wieland. »Diesem Beispiel muss die EZB folgen, wenn die Inflation überzuschießen droht.«

Das Gespenst der Inflation dürfte also nur dann wieder auferstehen, wenn es politisch explizit gewollt wäre. Dass das passiert, ist unwahrscheinlich. Selbst wenn die Regierungen in Berlin, London oder Washington auf die wahnwitzige Idee kämen, sich so von ihren Staatsschulden zu befreien, könnten sie die Inflationslawine selbst nicht ohne weiteres lostreten. Vorher müssten sie ihre Notenbanken politisch entmachten. Das wäre nicht über Nacht möglich, schon Gedankenspiele in diese Richtung würden wahrscheinlich zu einem beispiellosen öffentlichen Aufschrei führen und weiteres Chaos an den Finanzmärkten auslösen. Der politische Preis, der für eine

Inflationsstrategie zu zahlen wäre, wäre prohibitiv hoch – zum Glück.

Den meisten Wissenschaftlern, die sich mit Geldpolitik auskennen, bereitet die expansive Strategie der Notenbanken daher wenig Sorgen. Dazu gibt es in der Krise ohnehin keine Alternative. Ohne die Nullzinsen und die quantitative Lockerung ist ein Totalzusammenbruch von Finanzsystem und Realwirtschaft wahrscheinlich – die Weltwirtschaft würde in die Deflation rutschen. Das wäre eine wirtschaftliche Megakatastrophe – vor allem, weil in den USA Unternehmen und Verbraucher massiv verschuldet sind. »Sich jetzt um eine vorübergehend etwas höhere Inflation zu sorgen ist so, als hätte man Angst vor Masern, während man sich gerade mit der Pest ansteckt«, sagt Harvard-Ökonom Kenneth Rogoff, früher Chefvolkswirt des Internationalen Währungsfonds.

Banken auf die Finger schauen – aber richtig

Die Finanzbranche muss enger an die Kette gelegt werden: das ist eine der wichtigsten Lehren der Krise. Brutal haben die Ereignisse seit August 2007 eklatante Mängel der bisherigen Bankenaufsicht deutlich gemacht. Zwar war der Sektor schon vorher unter staatlicher Aufsicht, aber es gab viele Schlupflöcher und Lücken. Zudem hat die Krise ein grundlegenderes Problem offengelegt: Die bisherige Philosophie, auf der die Aufsicht basierte, besitzt strukturelle Schwächen. Darüber sind sich Wissenschaftler, die sich auf das Thema spezialisiert haben, inzwischen einig. Wir brauchen daher in einigen Bereichen mehr, insgesamt aber vor allem eine bessere Regulierung der Finanzmärkte.

Wie diese aussehen könnte, zeichnet sich in der Theorie bereits ab. Dabei kommt eine neue Philosophie zum Tragen. Die Krise hat zu einem wissenschaftlichen Paradigmenwechsel in der Bankenregulierung geführt. In der Politik stoßen die neuen Konzepte auf offene Ohren. Die Europäische Union und auch die Vereinigten Staaten arbeiten unter Hochdruck an einem grundlegenden Umbau der Finanzmarktaufsicht. Weil es um viele rechtliche und institutionelle Details geht, sind die neuen Konzepte extrem komplex.

Das Ganze im Blick – nicht nur die Einzelteile

Bis zum Ausbruch der Krise waren die meisten Wissenschaftler überzeugt: Wer das Finanzsystem sicher machen will, muss dafür sorgen, dass die einzelnen Akteure gesund sind. Solange garantiert ist, dass die Banken gut geführt sind und finanziell solide dastehen, so die alte Überzeugung, ist auch das Gesamtsystem stabil. Weil sich Bankenregulierer im alten Paradigma ausschließlich auf die einzelnen Akteure konzentrierten, sprechen Wissenschaftler rückblickend von einem »mikrozentrierten Ansatz« der Regulierung (»micro-prudential regulation«).

Diesen Geist atmet das deutsche Kreditwesengesetz, das der Finanzmarktaufsicht viele Instrumente für die Überwachung der individuellen Geldhäuser an die Hand gibt. Die unternehmerische Freiheit ist in Deutschland in kaum einem anderen Bereich schon lange so stark eingeschränkt wie in der Finanzbranche. Wer eine Bank betreiben will, braucht dafür eine ausdrückliche, schriftliche Genehmigung des Staates. Das Kreditwesengesetz listet 22 Gründe auf, warum diese verweigert oder entzogen werden kann. Der Staat kann Banken mit sofortiger Wirkung schließen, ihnen die Eröffnung neuer Filialen oder die Vergabe neuer Kredite verbieten. Führen darf eine Bank nur der, der »in ausreichendem Maße theoretische und praktische Kenntnisse in den betreffenden Geschäften sowie Leitungserfahrung« besitzt. Unzuverlässiges Führungspersonal kann die Bankenaufsicht abberufen.

Im Herbst 2003 wäre dieser Punkt Josef Ackermann fast zum Verhängnis geworden. Die Staatsanwaltschaft Düsseldorf hatte gegen den Deutsche-Bank-Chef Anklage wegen Untreue erhoben. Hintergrund waren die Millionen-Abfindungen für ehemalige Manager des Mannesmann-Konzerns. Ackermann hatte diese drei Jahre zuvor als Mitglied des Aufsichtsrats bei Mannesmann bewilligt, nachdem das Düsseldorfer Unternehmen von dem britischen Konkurrenten Vodafone übernommen worden war.

Vor Beginn des Prozesses prüfte die Bundesanstalt für Finanzdienstleistungsaufsicht (BaFin), ob Ackermanns fachliche Eignung zum Führen einer Bank durch den Prozess vor dem Düsseldorfer Landgericht leiden könnte. Das Verfahren könnte unter Umständen soviel Zeit in Anspruch nehmen, dass sich der Manager nicht mehr ausreichend um die Bankgeschäfte kümmern könnte, so die Sorge der Aufseher. Im Oktober 2003 gab eine BaFin-Sprecherin dann allerdings Entwarnung: »Nach derzeitigem Kenntnisstand kann Josef Ackermann seine Aufgabe als Geschäftsleiter der Deutschen Bank auch mit der zusätzlichen zeitlichen Belastung weiterführen.« Wäre er am Ende des Prozesses rechtskräftig verurteilt worden, hätte die Behörde ihn mit Sicherheit abberufen.

Es ist immens wichtig, dass Banken von integeren Managern geführt werden und finanziell solide dastehen. Doch die Krise hat gezeigt, dass diese mikrozentrierte Regulierung allein nicht ausreicht, um ein Finanzsystem stabil und sicher zu machen. Die Schwäche des Konzeptes macht ein Vergleich mit der Seuchenprävention deutlich: Wer tödliche Epidemien verhindern will, kann auch nicht nur darauf achten, dass jeder einzelne Bürger so gesund wie möglich ist. Schließlich können neue Erreger aufkommen, für die auch kerngesunde Menschen anfällig sind. Zur Seuchenprävention gehört daher auch zu verhindern, dass sich gesunde Menschen bei Kranken anstecken können, und dafür zu sorgen, dass gute Krankenhäuer, Ärzte und Impfstoffe im Fall der Fälle den Schaden begrenzen können. All das würde bei einer rein mikrozentrierten Seuchenbekämpfung ausgeblendet und damit werden viele Risiken übersehen.

Genau dieser Fehler ist den Bankenaufsehern vor dem Ausbruch der Krise unterlaufen: Sie haben sich ausschließlich auf die einzelnen Akteure konzentriert und dadurch sprichwörtlich den Wald vor lauter Bäumen nicht gesehen. Denn das Finanzsystem ist weit mehr als die Summe seiner Einzelteile. Es gibt nicht nur die Einzelrisiken, dass eine bestimmte Bank wegen schlechter Führung oder riskanten Geschäften pleite gehen kann. Hinzu kommen Risiken, die aus dem Zusammenspiel der einzelnen Akteure entstehen. Fachleute sprechen von »systemischen Risiken«. Die Grundlogik hinter diesem Argument ist, dass letztlich alle Banken in einem Boot sitzen. Das Scheitern eines wichtigen Instituts wie Lehman Brothers oder Northern Rock destabilisiert automatisch auch andere Akteure – unter anderem, weil Geldhäuser untereinander viele Geschäfte machen.

Da das gesamte Finanzsystem mehr ist als die Summe seiner Teile, muss der mikrozentrierte Regulierungsansatz durch einen makrozentrierten Zweig (»macro-prudential approach«) ergänzt werden, so die große Lehre, die fast alle Experten aus der Jahrhundertkrise ziehen. Dass der Staat den einzelnen Akteuren mindestens genauso streng wie früher auf die Finger schauen muss, stellt kein ernstzunehmender Fachmann in Frage – die Systemrisiken müssten zusätzlich ins Blickfeld kommen. »Mikro- und makrozentrierte Maßnahmen dienen unterschiedlichen Zwecken«, betont eine fünfköpfige Expertenkommission um den Princeton-Ökonomen Markus Brunnermeier in einer Studie.

Systemische Risiken, die durch gegenseitige Abhängigkeiten auf dem Finanzmarkt entstehen, sehen die Autoren als die zentrale Ursache für die Krise. »Wir glauben, dass Finanzkrisen vor allem durch Marktdynamik verursacht werden.« Schocks wie der Kollaps der US-Immobilienpreise ab 2006, die steigenden Ölpreise Anfang der 70er-Jahre oder der Crash auf dem Aktienmarkt 1929 seien nicht mehr als die Auslöser einer Abwärtsspirale. Aus dieser Erkenntnis folge, dass die bisher üblichen Stresstests für Banken unzureichend seien, betonen die fünf Forscher in ihrer Studie. Denn bislang werden bei solchen Stresstests die Banken nur isoliert betrachtet. Die Aufseher simulieren traditionell auf Basis historischer Daten einen von außen auf das Geldhaus einwirkenden Schock und analysieren dann, wie viel Eigenkapital des Instituts dadurch vernichtet würde. Die Folgewirkungen für andere Banken werden nicht betrachtet. Da aber alle Institute gleichzeitig einem Schock wie fallenden Immobilienpreisen oder einem Börsencrash ausgesetzt sind und jeder individuell reagiert, kommt schnell ein Teufelskreis in Gang – zum Beispiel, weil alle Banken gleichzeitig Wertpapiere auf den Markt werfen, um ihre Verschuldung zu senken. Dadurch brechen Märkte, die in normalen Zeiten hoch liquide sind, vorübergehend zusammen. Die Situation ist vergleichbar mit einem Feueralarm in einer überfüllten Diskothek: Wenn alle gleichzeitig zum Notausgang rennen, ist der schnell verstopft. Im Zweifel werden in solch einer Massenpanik mehr Menschen tot getrampelt, als durch das Feuer sterben. Im Finanzsystem sind solche indirekten Zweitrundeneffekte, die systemischen Risiken, meist gefährlicher für die Stabilität als der eigentliche Auslöser der Krise – bei der rein mikrozentrierten Regulierung fallen sie aber komplett unter den Tisch.

Die Idee der makrozentrierten Finanzmarktregulierung stößt in der Politik auf offene Ohren. Die Europäische Union will das Konzept schon bis 2010 umgesetzt haben. Bereits beschlossen ist, dass ein Aufsichtsorgan entstehen soll, das die systemischen Risiken im Finanzsystem überwachen soll – das »European Systemic Risk Board«. Zudem will die EU auch die mikrozentrierte Regulierung modernisieren. Entstehen soll ein europäisches System der Finanzmarktaufsicht. Es soll aus drei verschiedenen Regulierungsbehörden bestehen, die den unterschiedlichen Segmenten der Finanzbranche auf die Finger schauen: den Banken, Versicherungen und Wertpapier-Märkten. Diese drei Behörden sollen allerdings die Finanzaufsichtsbehörden der einzelnen Mitgliedsstaaten nicht ablösen, sondern sie ergänzen. Ob solch ein komplexes System wirklich funktionieren kann, sehen Experten skeptisch. Eine große Hürde sei, dass die Aufsichtsbehörden von Mitgliedsstaat zu Mitgliedsstaat anders organisiert seien und unterschiedliche Kompetenzen hätten. »Diese heterogene Regulierungslandschaft kann zu Koordinationsproblemen zwischen den verschiedenen Aufsichtsbehörden führen«, warnen die drei Ökonomen Donato Masciandaro, Maria Nieto und Marc Quintyn in einer im Juli 2009 veröffentlichen Studie.

Systemische Risiken bekämpfen

Systemische Risiken entstehen im Finanzsystem an mindestens drei verschiedenen Stellen: erstens durch Finanzinstrumente wie Kredite, Anleihen und Derivate, zweitens durch die Märkte, auf denen diese Instrumente gehandelt werden, und drittens durch Institutionen wie Banken, Versicherungen und Pensionsfonds, die diese Instrumente besitzen und damit handeln. Wer das Finanzsystem gegen Zusammenbrüche immunisieren wolle, müsse »die von allen drei Bereichen ausgehenden Risiken entschärfen«, betont die Bank für Internationalen Zahlungsausgleich (BIZ). »Kein Teil des Finanzsystems sollte sich einer angemessenen Regulierung entziehen können.«

Finanzinstrumente können dabei auf zwei verschiedenen Wegen zu systemischen Risiken werden: Zum einen sind sie häufig so undurchsichtig und komplex, dass kaum ein Investor in der Lage ist, sich ein eigenes Urteil über die Risiken zu bilden, die darin stecken. Das beste Beispiel dafür sind CDOs und CDS. Wer solche Papiere kauft, muss sich auf die Urteile von Experten verlassen. Irren sich diese, entsteht auf einen Schlag massive Unsicherheit. Zum Zweiten haben gerade neue Finanzinstrumente oft prozyklische Wirkungen: Sie verstärken sowohl die Auf- als auch Abschwungphasen im Finanzsystem und in der Realwirtschaft. »Boomphasen sind in der Regel Zeiten der Innovation im Finanzsektor. Wenn alles gut läuft, sind Unternehmen und Individuen experimentierfreudiger«, argumentieren die Volkswirte der BIZ. Dann würden neue, unerprobte Finanzinstrumente entwickelt, die schwer zu verstehen und zu bewerten seien. »Aber die Käufer dieser neuen Finanzprodukte können dazu verleitet werden zu glauben, Innovation und Originalität bedeuteten Sicherheit. Und die Verkäufer haben kaum Interesse daran, sie vom Gegenteil zu überzeugen. Die Folge ist, dass während eines Booms die florierende Finanzinnovation dazu tendiert, verborgene, unterbewertete Risiken zu schaffen.«

Als Ausweg aus diesem Dilemma schlägt die BIZ eine Art TÜV für Finanzprodukte vor, der die in den Wertpapieren steckenden Risiken bewertet und den Zugang zu Wertpapieren für unterschiedliche Anlegergruppen reglementiert – eine Art Produktregistrierung, ähnlich wie bei Arzneimitteln. »Wie bei der kontrollierten Abgabe von Medikamenten wären die sichersten Wertpapiere analog zu den rezeptfreien Medikamenten für jedermann frei erhältlich. Finanzinstrumente der nächsten Stufe dürften, analog zu verschreibungspflichtigen Medikamenten, nur von dazu berechtigten Anlegern erworben werden. Danach kämen Papiere, die nur in begrenzten Mengen an überprüfte Individuen und Institute abgegeben würden, wie Wirkstoffe, mit denen noch experimentiert wird. Die letzte Stufe schließlich wären Wertpapiere, die als illegal gelten würden«, schreibt die BIZ.

Vorschläge anderer Ökonomen, zum Beispiel von Yale-Professor Robert Shiller, gehen in eine ähnliche Richtung. Zum Schutz der Verbraucher sei eine Finanzaufsichtsbehörde nötig, die sich als Anwalt der Konsumenten versteht, fordert Shiller. Parallel dazu solle der Staat bei den einfachen Leuten für mehr ökonomische Bildung sorgen. Die Menschen müssten in die Lage versetzt werden, wirtschaftliche Risiken besser zu erkennen und beurteilen zu können. Dann, so die Hoffnung, würden sie nicht mehr so leicht auf betrügerische Angebote hereinfallen. Auch die OECD forderte im Juli 2009 in Gelddingen strengere Vorschriften zum Schutz der Verbraucher. Banken müssten gesetzlich gezwungen werden, beim Verkauf von Finanzprodukten wirklich dafür zu sorgen, dass die Kunden im Detail verstehen, worauf sie sich einlassen und wo die Risiken liegen. So solle der Staat zum Beispiel vorschreiben, dass die

Konditionen von Hypothekendarlehen in einfacher, klarer Sprache darstellt werden.

Bei strukturierten Wertpapieren – so fordern zahlreiche Ökonomen zu Recht – sollte der Gesetzgeber zudem vorschreiben, dass derjenige, der die Kredite verbrieft, selbst einen Teil der besonders schlechten Risiken in den eigenen Büchern behält. Nur dann hat er auch ein Eigeninteresse daran, die Kreditnehmer vorher auf Herz und Nieren zu prüfen.

Die Finanzmärkte – als zweite Quelle systemischer Risiken – werden zu einer Gefahr, wenn plötzlich und unerwartet die Liquidität verschwindet und die Märkte zusammenbrechen. Wenn auf einen Schlag viele Verkäufer auf einen Markt stürmen und sich potenzielle Käufer gleichzeitig zurückziehen, kollabiert der Mechanismus von Angebot und Nachfrage. Vernünftige Preise lassen sich dann nicht mehr bestimmen. Dieses Phänomen ist besonders schwer unter Kontrolle zu bekommen. In bestimmten Situationen ist es daher sinnvoll, dass Notenbanken als Käufer der letzten Instanz auftreten, um einen kompletten Zusammenbruch des Marktes zu verhindern.

Ein weiterer Ansatz ist, die Transparenz für die Marktteilnehmer zu erhöhen und möglichst große, liquide Märkte zu schaffen. Bislang werden gerade die neuen, komplexen Finanzprodukte wie Credit Default Swaps in der Regel in undurchschaubaren, außerbörslichen Märkten gehandelt, in so genannten »Over the counter«-Geschäften.

Die einzelnen Akteure der Finanzmärkte wie Banken und Versicherungen sind deshalb eine dritte Quelle von systemischen Risiken, weil sie häufig zu sehr den gleichen Gefahren ausgesetzt sind – weil sie alle in sehr ähnliche Wertpapiere investieren und viele Geschäfte untereinander machen. In normalen Zeiten hat es den Anschein, als seien diese Einzelrisiken unabhängig voneinander. Am Tag X jedoch erweist sich das dann als fataler Irrtum. Geht ein Institut in die Knie, kann es seine Zusagen gegenüber anderen Geldhäusern nicht mehr einhalten, was auch die Vertragspartner in Schwierigkeiten bringen kann. Ihnen geht es dann so ähnlich wie einem Pauschaltouristen, dessen Reiseveranstalter während des Urlaubs pleite geht und den Rückflug platzen lässt.

Wie real dieses so genannte »counterparty risk« sein kann, haben die Käufer von Lehman-Zertifikaten bitter erfahren müssen. Nach der Insolvenz der Investmentbank waren ihre Zahlungsversprechen hinfällig. Bei Banken gilt zudem eine einfache Faustregel: Je größer ein Institut ist, desto mehr Risiken für die Stabilität des Gesamtsystems gehen von ihm aus. Vor diesem Hintergrund ist es bedenklich, dass im Zuge der Bankenrettung die Aufsichtsbehörden häufig auf Fusionen von zwei Instituten setzten. So sorgt die Politik dafür, dass noch größere Akteure entstehen, von denen noch mehr Risiken für die Stabilität des Gesamtsystems ausgehen. Einzelne Volkswirte gehen sogar so weit, dass sie eine Zerschlagung von Großbanken und Obergrenzen für die Größe einzelner Institute verlangen. Drakonische Maßnahmen, die sich die Politik vorher gut überlegen sollte. Denn zu klein dürfen die einzelnen Banken auch nicht werden, weil dann die Gefahr droht, dass sie ineffizient werden und Kredite zu schlechteren Konditionen vergeben. Das wiederum wäre schlecht für die langfristigen Wachstumsperspektiven einer Volkswirtschaft. Und die historische Erfahrung zeigt: Ein arg zersplittertes Bankensystem neigt ebenfalls zu Instabilität.

Aber es gibt Alternativen. So könnten sich die Eigenkapitalanforderungen, die die Bankenaufsicht an Geldhäuser stellt, auch an den systemischen Risiken ausrichten, die vom jeweiligen Institut ausgehen – zusätzlich zu der ohnehin von der Bankenaufsicht verlangten Mindestkapitalquote. Jedoch: Was theoretisch sinnvoll klingt, ist in der Praxis noch Zukunftsmusik. Denn allgemein akzeptierte Verfahren, mit denen das Systemrisiko für einzelne Institute verlässlich gemessen werden kann, sind noch nicht vorhanden.

Erste Forschungsarbeiten der BIZ-Ökonomen zu diesem Thema dürften der Bankenlobby nicht gefallen. Denn die Wissenschaftler kommen zu dem Schluss: »Großbanken sowie Banken, die systemweiten Schocks stärker ausgesetzt sind, tragen überproportional stark zum Systemrisiko bei. Demnach sollten größere oder stärker vernetzte Akteure eigentlich mehr Eigenkapital halten müssen bzw. sich weniger hoch verschulden dürfen.«

Umsetzungsprobleme gibt es auch bei einer weiteren, an sich guten Idee: der Schaffung von Regeln, die die Banken zwingen, in guten Zeiten Eigenkapitalpolster aufzubauen, die sie in schlechten Zeiten vor dem Kollaps schützen. Fachleute sprechen von antizyklischen Eigenkapitalregeln. So sinnvoll es wäre, solche automatischen Stabilisatoren in das System einzubauen, so hoch sind die Hürden in der Praxis. Schon die Echtzeitdiagnose von Auf- und Abschwungphasen im Kreditzyklus stellt Wissenschaftler vor erhebliche Probleme. Objektive, wirklich eindeutige Indikatoren sind Fehlanzeige. Auch die Suche nach einem Verfahren, das festlegt, wie die Mindestkapitalanforderung im Detail mit dem Kreditvergabezyklus getaktet werden soll, gestaltet sich alles andere als trivial.

Neben den Eigenkapitalvorschriften stehen auch die Bilanzierungsregeln für Banken auf dem Prüfstand. In den vergangenen Jahren waren die Banken gezwungen, die Wertpapiere, die sie besaßen, zum jeweils aktuellen Marktpreis in ihren Bilanzen zu verbuchen. Solange es an den Finanzmärkten nur aufwärts ging, standen die Institute daher blendend da – zumindest auf dem Papier. Als dann die Spekulationsblase platzte, implodierten in kürzester Zeit die Bilanzen. Die Institute waren zu Notverkäufen gezwungen, die den Kursverfall weiter verschärften. Die bisherigen Bilanzvorschriften, so sind viele Volkswirte überzeugt, haben die Tendenz, die Ausschläge nach oben und unten zu verstärken – sie wirken prozyklisch.

Eine fünfköpfige Expertenkommission um den Princeton-Ökonomen Markus Brunnermeier hat einen überzeugenden Vorschlag erarbeitet, mit dem sich dieses Dilemma überwinden lässt. Wie Aktiva einer Bank in den Bilanzen bewertet werden, sollte davon abhängen, wie sie finanziert sind. Wenn eine Bank Immobiliengeschäfte mit 30-jähriger Laufzeit über kurzfristige Kredite finanziert, die jeden Monat erneuert werden müssen, sollte dieser Posten zum jeweiligen Tageskurs in den Bilanzen stehen. Wegen des permanenten Refinanzierungsbedarfs wäre das Institut schließlich extrem anfällig für Liquiditätskrisen. Sollte sich im nächsten Monat kein neuer Kreditgeber finden, wäre eine solche Bank gezwungen, ihre Aktiva auf den Markt zu werfen. Um dieses Risiko offenzulegen, macht es großen Sinn, kurzfristig finanzierte Aktiva zu den aktuellen Marktpreisen in den Bilanzen auszuweisen.

Anders sähe es aus, wenn die Bank die gleichen, 30 Jahre laufenden Immobiliengeschäfte mit 10-jährigen Anleihen finanziert hat. Dann kann dieser Posten auf Basis seines zu erwartenden langfristigen Wertes verbucht werden. Schließlich ist das Geldhaus auch in der Lage, ihn lange zu halten. Vorübergehende Wertschwankungen kann solch ein Institut ganz gelassen aussitzen.

Für Banken, die sich kurzfristig refinanzieren, würde sich im Vergleich zu heute nichts ändern. Institute aber, die langfristige Projekte auch langfristig finanzieren, wären anders als heute nicht gezwungen, diese wegen kurzfristiger Preisausschläge auf den Markt zu werfen. Geldhäuser, die langfristig refinanziert sind, seien eine Art »natürlicher Risikopuffer« des Finanzsystems. »Wenn die Finanzaufseher kurzfristige Bewertungen unabhängig davon einfordern, wie die Aktiva finanziert sind, können diese natürlichen Risikopuffer nicht ihre volle Wirkung entfalten«, betonen Brunnermeier und seine Co-Autoren. Solche Bilanzvorschriften würden zudem Banken einen Anreiz geben, stärker auf langfristige Refinanzierung zu setzen.

Eine Bank ist eine Bank ist eine Bank

»Eine Rose ist eine Rose ist eine Rose« – die amerikanische Schriftstellerin Gertrude Stein hat diesen Satz 1913 aufgeschrieben, und er hat sie weltberühmt gemacht. Manche Dinge, so die Kernaussage, lassen sich nicht definieren, erklären oder beschreiben. Sie sind schlicht das, was sie sind.

Diese Erkenntnis ist auch bei den Bankenaufsehern angekommen, allerdings mit fast 100 Jahren Verspätung: Eine Bank ist eine Bank ist eine Bank. Oder anders gesagt: Wer wie eine Bank agiert, muss aufsichtsrechtlich auch so behandelt werden. Das klingt selbstverständlich, ist es aber keineswegs. Denn viel zu lange ließen die Bankenaufseher große Schlupflöcher zu – Akteure, die de jure keine Banken waren, de facto aber Bankgeschäfte machten, konnten die strengen Vorschriften umgehen. Es war so, als würde die Straßenverkehrsordnung nur für Autos mit Verbrennungsmotor gelten, nicht aber für Elektrofahrzeuge.

Im Kapitel über Schattenbanken sprachen wir bereits davon: Institute wie die IKB oder die Sachsen LB betrieben ausländische Tochtergesellschaften, die sich auf hoch riskante Spekulationsgeschäfte spezialisiert hatten, die sie ausschließlich mit kurzfristig geliehenem Geld tätigten. Denn sie mussten nicht die strengen Eigenkapitalanforderungen erfüllen, an die die Mutterhäuser gebunden waren. Am Ende war das »Reich der Schattenbanken« selbst für viele Insider nicht mehr durchschaubar. Als es implodierte, riss es das Gesamtsystem mit in die Tiefe.

Die riesigen Löcher in der Finanzmarktregulierung gelten bei Wissenschaftlern als eine Ursache der Krise. Ihre Schlussfolgerung daraus ist klar: Maßgeblich dafür, ob ein Unternehmen der Bankenaufsicht unterliegt, müssen seine Geschäfte und seine Bilanzstruktur sein – nicht sein formaljuristischer Status als Bank, Versicherung oder ominöses »Structured Investment Vehicle« (SIV). Wie eng der Regulierer das Institut an die Kette legt, sollte vor allem davon abhängen, wie sehr es die Stabilität des Gesamtsystems gefährdet.

Und auch Rating-Agenturen müssen unter staatliche Aufsicht. Standard & Poor's, Moody's und Fitch haben schon lange eine quasi halbamtliche Rolle auf dem Finanzmarkt: Ihre Urteile über die Bonität von Unternehmen bilden oft die Grundlage dafür, wie viel Eigenkapital Banken für Kredite zur Seite legen müssen. Viele Gesetze schreiben vor, dass Pensionskassen, Geldmarktfonds und andere institutionelle Investoren nur Wertpapiere kaufen dürfen, die von den Rating-Agenturen Bestnoten bekommen.

Trotz ihrer enorm wichtigen Aufgabe waren die Rating-Agenturen fast vollständig sich selbst überlassen. Die Politik vertraute darauf, dass sich die Branche schon selbst reguliert. Die Krise hat deutlich gemacht: So kann es nicht weitergehen. »Angesichts der zentralen und quasi-regulatorischen Rolle, die Rating-Agenturen auf den heutigen Finanzmärkten spielen, müssen sie wirksam reguliert werden«, lautet zum Beispiel das Fazit der Expertengruppe, die unter Führung des einstigen IWF-Chefs Jacques de Larosière im Auftrag der EU-Kommission Vorschläge für eine Reform der Finanzmarktaufsicht entwickelt hat. Die Geschäftsmodelle der Rating-Agenturen müssten kritisch unter die Lupe genommen werden, lautet eine zentrale Empfehlung der Expertengruppe. Besonderes Augenmerk solle auf Interessenkonflikten in den Rating-Agenturen liegen, die die objektive Bewertung eines Unternehmens erschweren könnten. Mittelfristig solle die Bedeutung, die die Noten der Rating-Agenturen in der Gesetzgebung spielen, zurückgefahren werden. Außerdem sollten strukturierte Finanzprodukte auf einer anderen Skala bewertet werden als Unternehmensanleihen.

So sinnvoll solche Vorschläge auch sind – sie greifen zu kurz. Die Finanzmarktaufsicht läuft Gefahr, bei den Rating-Agenturen den gleichen Fehler zu wiederholen wie bei den Banken und sich nur auf die einzelnen Akteure zu konzentrieren. Neben der mikrozentrierten Regulierung ist auch ein makrozentrierter Ansatz nötig. Auch bei den Rating-Agenturen müssen zusätzlich die Interdependenzen und Risiken des Gesamtsystems erfasst und überprüft werden. Selbst wenn einzelne Bewertungen absolut sauber und transparent sind, erzeugen sie systemische Risiken – unter anderem, weil sie eine prozyklische Wirkung haben. In wirtschaftlich guten Zeiten, in denen die Kreditausfallwahrscheinlichkeiten gering und die Noten der Rating-Agenturen gut ausfallen, beflügeln sie Investitionen, in der Krise bremsen sie sie.

Wie eine solche Regulierung im Detail aussehen könnte, ist aber noch relativ unklar. Die Forscher stehen erst am Anfang. Der IWF-Ökonom Amadou Sy hat in einem Diskussionspapier erste Ansätze skizziert: Dazu gehören Stresstests, in denen simuliert wird, was abrupte Rating-Herabstufungen für das gesamte Finanzsystem bedeuten. Finanzinstituten, die dabei schlecht abschneiden, sollten strengere Eigenkapital- und Liquiditätsvorschriften auferlegt werden. Zudem fordert Sy »Rating-Landkarten«, in denen detailliert dokumentiert und analysiert wird, welche Risiken von Rating-Agenturen und ihren Bewertungen für die gesamte Finanzbranche ausgehen.

Dosis sola venenum facit

Bei aller Entschlossenheit – wichtig ist auch, dass die Finanzpolitiker beim Umbau der Finanzaufsicht mit Augenmaß agieren und darauf achten, die Regulierungsschraube nicht zu überdrehen. Das Prinzip »Viel hilft viel« trifft hier nicht zu; im Gegenteil: Übereifer kann gefährlich werden. *Dosis sola venenum facit* (»Allein die Menge macht das Gift«), diese jahrhundertealte Erkenntnis von Paracelsus gilt nicht nur bei Medikamenten, sondern auch für die Finanzaufsicht. Denn die Erfahrung zeigt: Auf eine Finanzkrise reagiert die Politik häufig mit der Einführung von Regulierungsvorschriften, die sich später als problematisch erweisen und im Extremfall sogar den Grundstein für die nächste Krise legen. Zumal die Geschichte auch belegt: Clevere Banker finden meist früher oder später Wege, neue gesetzliche Vorschriften zu umgehen. Wer das Finanzsystem sicherer und stabiler machen will, sollte sich daher nicht nur auf staatliche Regulierung verlassen, sondern parallel dazu auch ein zweites Instrument nutzen: die Disziplinierung von Banken durch den Markt.

Unmittelbar vor Ausbruch der Krise, im April 2007, hatte US-Notenbankchef Ben Bernanke ein flammendes Plädoyer dafür gehalten. Banken, Hedge-Fonds und andere Akteure auf dem Finanzmarkt würden durch den Markt oft stärker und effizienter reguliert als durch den Staat, argumentierte er. »Damit marktbasierte Regulierung funktionieren kann, müssen sich die Anreize für die Investoren und andere private Akteure mit denen des staatlichen Regulierers decken«, sagte Bernanke. Wenn diese Bedingung erfüllt sei, dann sei die »Disziplinierung durch den Markt ein mächtiges und bewährtes Werkzeug, um das Eingehen übermäßiger Risiken zu verhindern«.

Zumindest in bestimmten Situationen kann das tatsächlich funktionieren, zeigt eine Studie der US-Ökonomen Mark Carlson (Federal Reserve Board) und Kris James Mitchener (Santa Clara University). Die beiden Forscher haben die Effekte von schärferem Wettbewerb auf dem Finanzsektor am Beispiel der USA vor der Großen Depression untersucht. Sie stellten fest: Je härter der Wettbewerb, in dem eine Bank stand, desto besser kam sie durch die Große Depression – weil sie effizientere Strukturen hatte als Institute, die sich auf lokalen Monopolen ausruhen konnten.

In den 20er-Jahren konnten US-Banken nicht einfach neue Filialen eröffnen, sie brauchten dafür eine Genehmigung. Anfang des 20. Jahrhunderts gab es in Amerika keine Banken mit landesweitem, flächendeckendem Filialnetz. Tausende kleine Regionalbanken waren auf lokalen Märkten aktiv. Kalifornien allerdings lockerte die Regeln für Filialbanken Anfang der 20er-Jahre. In dem Bundesstaat entstanden früher als anderswo Geldinstitute mit einem überregionalen Filialnetz. Vor allem die Bank of America expandierte damals kräftig. 1929 hatte sie in Kalifornien 387 Filialen, fast die Hälfte davon in Kleinstädten mit weniger als 10 000 Einwohnern.

Eröffnete eine Großbank eine Filiale in einer neuen Stadt, stieg für die dortigen lokalen Institute schlagartig die Konkurrenz. Weil die überregionalen Filialbanken Kredite meist zu besseren Konditionen anboten, gerieten die Margen der etablierten Institute unter Druck, stellten die Forscher fest. Die neue Konkurrenz schwächte die lokalen Institute aber nicht, sondern machte sie stärker. Denn die etablierten Institute bauten ihre inneren Strukturen um, wurden deutlich effizienter und gingen gestärkt aus dem Wettbewerb hervor.

Im Vergleich zu einer Kontrollgruppe, die aus ähnlichen Kleinbanken ohne neue Konkurrenten bestand, sanken die Verwaltungskosten deutlich, zugleich stiegen die Gewinne. Indirekt machte der härtere Wettbewerb das gesamte Bankensystem stabiler. Regionalinstitute, die mit Filialbanken konkurrieren mussten, überlebten die Große Depression viel besser als vergleichbare Institute in der Kontrollgruppe.

Die Forscher können verschiedene alternative Erklärungen für die Ergebnisse ihrer Studie ausschließen – etwa die, dass die Filialbanken vor allem in Boom-Regionen expandierten, wo Lokalbanken auch ohne Konkurrenz besser durch die Krise gekommen wären. Den Einwand, die expandierenden Filialbanken hätten vor der Krise viele angeschlagene Institute übernommen und so den Markt bereinigt, können die Forscher ebenfalls entkräften.

Harte Konkurrenz zwischen Banken schwächt also nicht unbedingt die Stabilität des Finanzsystems, sondern kann es sogar stärken, so das Fazit. Hätte es im Rest der USA in den 20er-Jahren die gleiche Freiheit für Filialbanken wie in Kalifornien gegeben, wäre die Krise milder ausgefallen, schreiben die Forscher. »Das Finanzsystem hätte aus effizienteren Banken bestanden.«

Die Ergebnisse dieser Studie lassen sich natürlich nicht eins zu eins auf die heutige Situation übertragen. Unsere Krise ging nicht vom traditionellen Bankgeschäft mit Privat- und Firmenkunden aus, sondern von Investment- und Schattenbanken, die mit anderen Geschäftsmodellen und in einem anderen Marktumfeld agieren.

Die Ergebnisse können daher nicht als Argument dafür herhalten, staatliche Regulierung des Bankensektors sei unnötig. Andererseits aber zeigen sie: Es wäre voreilig, den Gedanken, Banken zusätzlich auch durch den Markt zu zähmen, für komplett unsinnig zu erklären.

Manche Ökonomen, darunter etwa Charles Calomiris von der Columbia University und Hans Peter Grüner aus Mannheim, halten übermäßigen Schutz für verhängnisvoll und sehen darin eine der Ursachen der heutigen Krise. So hätten zum Beispiel staatliche Einlagensicherungsfonds dazu geführt, dass sich Manager und Eigentümer von Banken zu sicher gefühlt hätten und daher übermäßige Risiken eingegangen seien. Sie hätten gewusst oder zumindest geahnt: Selbst wer sich komplett verspekuliert, hätte wenig zu verlieren – weil im Fall der Fälle der Staat zur Hilfe eile. Immer nach dem Motto: Gewinne werden privatisiert, Verluste sozialisiert.

Und in der Tat führt übermäßiger Schutz zu undisziplinierten und unüberlegten Aktionen – wie etwa im Beispiel des Mietwagenfahrers, der leichtsinnig fährt, weil er eine Vollkaskoversicherung ohne Selbstbeteiligung hat. Er muss für mögliche Schäden selbst nicht haften, und prompt nimmt er sie billigend in Kauf. Unter dem Schlagwort »moral hazard« gehört dieser Mechanismus seit langem zum Basiswissen der Ökonomie. »Die Forschung über Bankzusammenbrüche zeigt: Das Risiko von Krisen in einem Land ist umso größer, je stärker die Finanzinstitute durch ein staatliches Sicherheitsnetz geschützt sind«, schreibt der New Yorker Ökonom Calomiris. Um die Gefahr des »moral hazard« zu vermindern, sei es wichtig, dass Banken dem Risiko des Scheiterns ausgesetzt seien.

Eine Frage aber klammert Calomiris aus: Können Regierungen das »moral hazard«-Problem überhaupt in den Griff bekommen? Wenn eine große Bank erst einmal in eine Schieflage geraten ist und die Realwirtschaft mit in die Tiefe zu reißen droht, sind Lippenbekenntnisse der Politiker schnell vergessen. Selbst wenn sie es wollten, hätten die Regierungen kaum eine Möglichkeit, im Vorfeld eine glaubwürdige Selbstverpflichtung einzugehen, eine systemrelevante Bank im Notfall nicht aufzufangen. Wenn ein Geldinstitut am Abgrund steht, hat der Staat massive Anreize, es zu retten, um den Kollateralschaden für die restliche Wirtschaft so gering wie möglich zu halten. Ein rationaler Banker dürfte dies von vornherein antizipieren und sich nicht um politische Rhetorik, der Staat fange ihn am Ende nicht auf, kümmern.

Auch für dieses Phänomen gibt es in der Ökonomie einen Fachbegriff: das Problem zeitlicher Inkonsistenz.

Klar ist daher: Marktdisziplin allein kann keine Exzesse auf den Finanzmärkten verhindern. Zumal auch Akteure, die auf den Finanzmärkten systematisch dem vollen Risiko des Scheiterns ausgesetzt sind, regelmäßig zu große Risiken eingehen – zum Beispiel Aktienkäufer. Private wie institutionelle Aktienbesitzer sind permanent dem Risiko des Totalverlustes ausgesetzt, für sie gibt es keine staatlichen Garantien oder Rettungspakete. Unternehmenspleiten, bei denen die Aktionäre alles verlieren, sind eine höchst reale Gefahr und kommen immer wieder vor. Trotz alledem entstehen seit Jahrhunderten an den Börsen regelmäßig Spekulationsblasen. Ganz ohne »moral hazard«.

Volkswirtschaftslehre – eine Wissenschaft mit Motorschaden?

Die Große Depression war nicht nur eine wirtschaftliche Megakatastrophe, sie war auch ein Desaster für die Wirtschaftswissenschaft. Die bis dahin gängige ökonomische Theorie konnte den Zusammenbruch der Wirtschaft weder erklären noch Auswege aufzeigen. Im Gegenteil – viele Empfehlungen von damals tonangebenden Volkswirten machten die Misere nur noch schlimmer. Erst John Maynard Keynes gab 1936 mit seiner *»Allgemeinen Theorie«* die »Antwort auf die Krise der Wirtschaftstheorie«, so der Freiburger VWL-Professor Oliver Landmann.

Heute steht die Volkswirtschaftslehre erneut vor einem Scherbenhaufen. Schonungslos hat die Krise eine Reihe von wissenschaftlichen Problemen und Schwächen der modernen Volkswirtschaftslehre offengelegt. Quasi kein etablierter Volkswirt hat diese Krise kommen sehen – auch nicht der US-Notenbankchef Ben Bernanke, einer der führenden Experten für die Große Depression.

Die Modelle der modernen Makroökonomen, in denen oft gar kein Finanzsektor existiert und alle Verbraucher und Unternehmen gleich sind, waren bei der Analyse der Auswege keine große Hilfe. Krisen von der Sorte, wie wir sie seit August 2007 erleben, können darin überhaupt nicht abgebildet werden – weil sie aufgrund restriktiver Annahmen von vornherein ausgeschlossen sind. »Die meisten etablierten Modelle bieten keine Anhaltspunkte dafür, wie wir dieses außergewöhnliche Problem analysieren oder damit umgehen sollten«, schreibt ein achtköpfiges, internationales Ökonomenteam um Thomas Lux von der Universität Kiel in einer Streitschrift. »In der Stunde der größten wirtschaftlichen Not tappt die Menschheit ohne eine Theorie im Dunkeln. Das ist in unseren Augen ein systemisches Versagen der ökonomischen Zunft.«

Sicher ist schon jetzt: Nach der Krise werden Wirtschaftswissenschaftler ihr Fach und die Welt mit anderen Augen sehen. Eine Reihe von Methoden, Theorien und Modellen, die bis vor kurzen noch als »state of the art« galten, werden den

Realitätstest nicht überstehen und als wissenschaftlicher Sondermüll entlarvt. Nicht wenigen seiner Berufskollegen, spottete Ökonomie-Nobelpreisträger Paul Krugman, würde es intellektuell so ergehen wie den Anlegern, die ihr Vermögen dem amerikanischen Milliardenbetrüger Bernie Madoff anvertraut hatten. Willem Buiter, Ökonomie-Professor an der London School of Economics, haut in die gleiche Kerbe: »Der Großteil der theoretischen Innovationen, die die Mainstream-Makroökonomie seit den 70er-Jahren hervorgebracht hat, war bestenfalls eine selbst-referentielle Nabelschau.« Diese Forschung sei vor allem durch eine innere Logik motiviert gewesen. Zu viele Forscher hätten einmal eingeschlagene Wege nicht mehr verlassen wollen. Der Wunsch, die Funktionsweise der Wirtschaft wirklich zu verstehen, habe dagegen nur eine untergeordnete Rolle gespielt. Die Makro-Forschung der vergangenen Jahrzehnte sei daher »individuell wie gesellschaftlich eine Verschwendung von Zeit und anderen Ressourcen« gewesen, so Buiter.

Ein falsches Selbstverständnis

Eine Kernursache dafür, dass wichtige Teile der Volkswirtschaftslehre so sehr auf Abwege gerieten, ist ein falsches Selbstverständnis des Fachs – das zumindest propagieren die acht selbstkritischen Ökonomen um Thomas Lux.

Wenn Sie einen studierten Ökonomen nachts um drei aus dem Schlaf holen und ihn fragen, worum es bei der VWL im Kern geht, dann wird er ihnen mit hoher Wahrscheinlichkeit antworten: Die Ökonomie ist die Wissenschaft über den Umgang mit Knappheiten – die »Allokation von knappen Ressourcen«, wie es im Fachjargon heißt. Diese Definition wird jedem Erstsemester in der Einführungsveranstaltung eingetrichtert, auch die gängigen Lehrbücher propagieren sie: »Volkswirtschaftslehre ist die Wissenschaft von der Bewirtschaftung der knappen gesellschaftlichen Ressourcen«, definiert zum Beispiel der US-Ökonom Gregory Mankiw in seinem weit verbreiteten Standardwerk *»Grundzüge der Volkswirtschaftslehre«* direkt auf der ersten Seite. Im Lehrbuchklassiker »*Economics*« von Paul Samuelson und William Nordhaus, der seit 1948 erscheint, werden »Knappheit und Effizienz« als die beiden »Zwillingsthemen der Volkswirtschaftslehre« bezeichnet.

»Diese Definition ist kurzsichtig und irreführend«, schreiben die acht kritischen Wissenschaftler in ihrer Streitschrift. Ökonomie werde reduziert auf die Erforschung optimaler Entscheidungen zu klar definierten Fragestellungen. Dass im Wirtschaftssystem enorm viel Bewegung und gegenseitige Abhängigkeiten stecken und dadurch in der realen Wirtschaft große Unsicherheit herrsche, sei dadurch aus dem Blick geraten. Die VWL werde durch diese Definition letztlich zu sehr auf die Mikroebene verengt. Durch den engen Fokus würden viele wirtschaftliche Phänomene übersehen; so würden zum Beispiel Fragen, in denen es um die Koordination und das Koordinationsversagen verschiedener Akteure gehe, bislang sträflich vernachlässigt.

Eine Folge dieses Tunnelblicks sei, dass es das Fach teilweise versäumt habe, die geeigneten mathematischen Methoden zu entwickeln, um die wirklich relevanten Themen zu analysieren. So sei es für einen Volkswirt, der die heute im Fach gängigen Analyseinstrumente beherrsche, vergleichsweise einfach, Ehebruch als dynamisches Optimierungsproblem eines repräsentativen Ehemanns zu analysieren und dabei einen optimalen Zeitpfad der Untreue zu berechnen. Wer aber die Geldströme im Bankensektor mit netzwerktheoretischen Methoden untersuchen wolle, habe es ungleich schwerer.

Nicht ausrottbare Denkfehler

Besonders in der Kritik steht die etablierte Makroökonomie – die Subdisziplin, die sich mit gesamtwirtschaftlichen Zusammenhängen und dem Zusammenspiel zwischen monetärer und realer Wirtschaft beschäftigt. Aus heutiger Sicht ist klar: Das Fach hat es sich in den vergangenen drei Jahrzehnten in vielen Fragen viel zu einfach gemacht. Die heute etablierte Makroökonomie ist eine Theorie des Gleichgewichts. Die Welt, in der wir leben, ist dagegen voller Ungleichgewichte. Die Schlussfolgerungen, die sich aus den gängigen allgemeinen Gleichgewichtsmodellen ziehen lassen, sind daher für die Analyse des realen Lebens nur von sehr begrenztem Wert.

Gleich in mehrfacher Hinsicht basieren die etablierten Makro-Modelle auf unrealistischen Annahmen. So unterstellen die Forscher gern, dass alle Menschen und Unternehmen gleich sind. Das macht die Modelle einfacher. Denn dann reicht es aus, nur noch einen Akteur genauer zu analysieren – den »repräsentativen Agenten«.

Doch dieses Vorgehen ist aus mehreren Gründen höchst problematisch. Schließlich sind einzelne Menschen wie auch Unternehmen in Wirklichkeit extrem heterogen – auch und gerade in ökonomisch relevanten Fragen wie etwa: Wie groß ist ihr Vermögen? Welchen Zugang haben sie zu Krediten? Über welches Humankapital verfügen sie? Gerade diese Unterschiede sind es, die in der Realität wichtige ökonomische Prozesse treiben. Modelle mit einem repräsentativen Agenten können diese Phänomene von vornherein nicht abbilden. Wer trotzdem versucht, aus den Modellen Empfehlungen für die reale Wirtschaftspolitik abzuleiten, läuft Gefahr, die Probleme nur noch schlimmer zu machen, statt sie zu lösen.

»Die Volkswirtschaftslehre hat sich mit ihren bisherigen Methoden die Hände gebunden und so die Analyse wichtiger Aspekte des Wirtschaftssystems verhindert«, kritisiert Thomas Lux gemeinsam mit seinem Bamberger Kollegen Frank Westerhoff in einem in der Fachzeitschrift *»Nature«* veröffentlichten Kommentar. »Das Fach braucht eine neue Grundlage, die das Zusammenspiel von heterogenen Akteuren berücksichtigt.«

Wer versucht, von einem repräsentativen Agenten auf das Gesamtsystem zu schließen, macht noch einen weiteren fundamentalen Denkfehler: Er übersieht, dass das Gesamtsystem oft mehr ist als die Summe seiner Teile. Wie im vorangegangenen Kapitel dargestellt, musste die Bankenaufsicht dies im Zuge der Finanzkrise erst schmerzlich lernen: Gesunde Einzelbanken bedeuten eben noch lange nicht, das auch das Finanzsystem insgesamt stabil ist. Solche Trugschlüsse der Verallgemeinerung (englisch: »fallacy of composition«) sind alles andere als selten, werden aber in der Volkswirtschaftslehre zu wenig beachtet.

Besonders paradox ist, dass die Wirtschaftswissenschaft in diesem Punkt vor einigen Jahrzehnten schon einmal deutlich weiter war: Der Kern der Forschung von John Maynard Keynes aus den 30er-Jahren war, dass die Gesamtwirtschaft nicht genauso funktioniert wie einzelne Märkte und daher anders analysiert werden muss. In den 70er-Jahren kam es dann aber in der Wissenschaft in Mode, eine so genannte »Mikrofundierung« der makroökonomischen Modelle zu fordern. Die Aussagen über die Gesamtwirtschaft müssten aus dem Verhalten der einzelnen Akteure hergeleitet werden, lautete das neue Credo. Weil aber die Volkswirte dies quasi immer mit repräsentativen Agenten taten, unterliefen ihnen wieder die alten Denkfehler. So mathematisch anspruchsvoll und komplex die Modelle der Makroökonomen in den vergangenen drei Jahrzehnten auch waren, wissenschaftlich ist das Fach damit letztlich wieder auf den Stand der 20er-Jahre zurückgefallen. Die besondere Ironie: Noch im Jahr 2004 bekamen zwei wichtige Vertreter dieser Form von Makroökonomie – der Norweger Finn Kydland und der Amerikaner Edward Prescott – für ihre grundlegenden Arbeiten auf dem Gebiet der mikrofundierten Makroökonomie den Wirtschaftsnobelpreis.

Die Fiktion rationaler Erwartungen

Kydland und Prescott sind nicht die einzigen Nobelpreisträger, deren Theorien durch die Krise massiv in Zweifel gezogen werden. Ein weiteres Beispiel ist Robert Lucas mit seiner »Theorie der rationalen Erwartungen«, die ihm 1995 den Nobelpreis einbrachte. Schon vor Lucas war in der Volkswirtschaftslehre die Annahme weit verbreitet, dass Menschen stets rational und egoistisch handeln. Lucas erweiterte diese These. Er postulierte, dass Individuen und Unternehmen Informationen effizient verarbeiten und sich ihre Erwartungen folglich rational bilden. Wenn das zutrifft – und man einige weitere nicht sonderlich realitätsnahe Annahmen trifft –, dann verliert die Wirtschaftspolitik einen Großteil ihrer Wirksamkeit. Denn Akteure, die rationale Erwartungen bilden und in perfekten Märkten agieren, antizipieren die Folgen staatlicher Handlungen und stellen ihr Verhalten darauf ein.

So elegant diese Theorie auch erscheinen mag, mit dem Verhalten von Menschen aus Fleisch und Blut hat sie nicht viel zu tun. Nicht-Ökonomen wissen das intuitiv, und verhaltensorientierte Wirtschaftsforscher haben es in den vergangenen Jahren mit hunderten von Experimenten auch wissenschaftlich belegt: Echte Menschen agieren häufig alles andere als rational, und ihre Erwartungen bilden sie erst recht nicht auf diese Weise. Statt neu verfügbare Informationen systematisch auszuwerten und das Optimum aus ihnen herauszuholen, orientieren wir uns bei unseren Entscheidungen an einfachen Faustregeln (»Heuristiken«) und reagieren nur sehr träge auf neue Informationen. »Der gesamte Ansatz der rationalen Erwartungen basiert nicht auf empirischer Forschung und wird durch diese auch nicht gestützt«, stellen die kritischen Ökonomen rund um Thomas Lux fest.

Hand in Hand mit der These von den rationalen Erwartungen geht eine weitere Annahme, die so zentral wie weltfremd ist: das Postulat perfekter Märkte. »Perfekt« ist ein Markt in der ökonomischen Theorie dann, wenn auf ihm homogene Güter gehandelt werden, kein Akteur über Marktmacht verfügt, keine Transaktionskosten existieren und alle Beteiligten gleich gut informiert sind. Wenn all diese Bedingungen erfüllt sind und Anbieter wie Nachfrager ihren kurzfristigen Nutzen maximieren, dann funktionieren Märkte effizient – das lässt sich theoretisch relativ einfach beweisen. Alle verfügbaren Informationen sind dann in den Preisen enthalten. Den Grundgedanken der Markteffizienz-Theorie – und auch ihre Schwächen – macht ein alter Ökonomenwitz deutlich: Ein Professor geht mit seinem Assistenten über den Universitätscampus. »Schauen sie mal«, sagt der Assistent zu seinem Chef, »da vorne liegt ein 50-Euro-Schein auf dem Boden.« Die Antwort des Professors fällt ungehalten aus: »Kann gar nicht sein. Wenn dort ein 50-Euro-Schein gelegen hätte, dann hätte den längst jemand aufgehoben.«

Dass die These von den effizienten Märkten falsch ist, sei schon lange vor Ausbruch der Finanzkrise offensichtlich gewesen, betont der Londoner Ökonomieprofessor Willem Buiter – »zumindest für jeden, dessen Sinne nicht durch eine moderne, anglo-amerikanische VWL-Doktorandenausbildung vernebelt worden sind.« Auch der Berkeley-Professor Daniel McFadden, der im Jahr 2000 den Ökonomie-Nobelpreis erhielt, ist überzeugt, dass die These von den effizienten Märkten nicht mehr haltbar ist. »Wir werden uns fragen müssen, ob es sich bei der Theorie von der Markteffizienz wirklich um gute Wissenschaft handelt«, sagte McFadden im Sommer 2008 auf dem Ökonomie-Nobelpreisträgertreffen in Lindau am Bodensee.

Schlägt die Stunde der Ordnungspolitik?

In Deutschland hat die Finanzkrise eine noch grundlegendere Debatte über die richtige Ausrichtung und Methoden in der Volkswirtschaftslehre ausgelöst. Während angelsächsisch geprägte Ökonomen darüber diskutieren, wie man die ökonomischen Modelle verbessern kann, stellen einige ihrer deutschen Kollegen den Nutzen der quantitativen Methoden generell in Frage. »Das Bestreben, mit möglichst hochgerüstetem Werkzeug zu arbeiten – und mathematisch-statistische Methoden sind für eine Erfahrungswissenschaft bloße Werkzeuge –, begrenzt zunehmend die Probleme und Fragen, denen man sich zuwendet«, argumentiert der Freiburger Soziologe und Volkswirt Viktor Vanberg, der bis 2009 das liberale Freiburger Walter Eucken Institut leitete. Volkswirte hätten es mit »offenen, evolvierenden Systemen zu tun, bei denen die Komplexität der Bedingungsfaktoren und der Wechselwirkungen erfinderischer menschlicher Handlungen den Möglichkeiten, präzise quantitative Aussagen zu treffen, enge Grenzen setzt.« In einem öffentlichen Aufruf kritisierten 83 deutsche Professoren, moderne Wirtschaftswissenschaftler würden sich zu viel mit Mathematik und zu wenig mit der Realität befassen. »Die Ökonomen ziehen sich aus der Wirklichkeit zurück«, hieß es in dem in der *»Frankfurter Allgemeinen Zeitung«* erschienenen Manifest.

Vor allem ältere Ökonomen, aber auch manche Unternehmer und Verbandsvertreter fordern eine Rückbesinnung auf die ordnungspolitische Tradition des Fachs – eine Denkschule, die in den 50er- und 60er-Jahren in Deutschland ihre große Zeit hatte und auf Ökonomen wie Walter Eucken und Alfred Müller-Armack zurückgeht. Diese Volkswirte beschäftigen sich vor allem mit wirtschaftspolitischen Grundsatzfragen. »Ordnungspolitik zielt auf die Gestaltung der Wirtschaftsordnung«, schreibt Steffen Roth, Geschäftsführer des Instituts für Wirtschaftspolitik (IWP) an der Universität Köln, das sich dieser Forschungsrichtung verschrieben hat. Sie habe das Ziel, »die allgemeinen Spielregeln, unter denen die einzelnen Teilnehmer des Wirtschaftslebens agieren, gemeinschaftsförderlich zu gestalten«.

Mathematischen Methoden und theoretischen Modellen stehen sie skeptisch, sehr skeptisch gegenüber. Sie gehen eher verbal-philosophisch und normativ an ökonomische Fragestellungen heran. Ökonomen, die in der ordnungspolitischen Tradition stehen, postulieren, der Staat solle den Ordnungsrahmen schaffen, in dem sich dann Privatinitiative und Marktkräfte entfalten. Direkte Eingriffe des Staates in die Wirtschaft lehnen sie dagegen rigoros ab. Wie ein Schiedsrichter im Fußball solle der Staat darauf achten, dass die Regeln eingehalten werden, aber nicht selbst ins Spiel eingreifen. »Jede ›punktuelle‹ Wirtschaftspolitik, die die einzelne wirtschaftspolitische Frage kasuistisch für sich im Rahmen eines Fachgebiets zu lösen sucht, ist unzureichend und gefährlich«, schrieb Walter Eucken 1946.

Doch Ordnungspolitiker wandeln häufig auf einem schmalen Grat zwischen Wissenschaft und Werturteilen. Die private Vertragsfreiheit, Leistungsgerechtigkeit und die Garantie von Eigentumsrechten haben für sie hohe Priorität. Staatliche Eingriffe in diese Bereiche werden grundsätzlich kritisch gesehen, unabhängig davon, ob sie wirtschaftlich oder sozialpolitisch positive Effekte haben. Wichtig sei, dass sich die private Initiative in einer Wirtschaft voll entfalten könne – kontrolliert werde sie durch den Wettbewerb, nicht durch den Staat. Die Freiheit des Einzelnen spielt für Ordnungspolitiker eine zentrale Rolle. Schließlich wisse doch jeder einzelne am besten, was gut für ihn sei.

Im Grunde haben Ordoliberale ein tiefes Vertrauen in die Stabilität der Marktwirtschaft. Sie sind überzeugt: Solange es keine Marktmacht und keine Monopole gebe, die Eigentumsrechte garantiert seien und die private Haftung gewährleistet sei, funktioniere der Preismechanismus so gut, dass der Staat in einer Marktwirtschaft nicht direkt in das Marktgeschehen eingreifen müsse.

So sehr sich die Ordnungspolitik und die neo-klassische, quantitative Makroökonomie in ihren Methoden auch unterscheiden – mit Blick auf ihr Grundvertrauen in das friktionslose Funktionieren der freien Marktwirtschaft sind beide Ansätze letztlich nicht weit voneinander entfernt.

So basiert zum Beispiel die Argumentation in Walter Euckens 1952 veröffentlichtem Hauptwerk *»Grundsätze der Wirtschaftspolitik«* implizit auf der Annahme des perfekten Marktes. Und die ökonomische Theorie zeigt ja tatsächlich: Wenn alle theoretischen Vorraussetzungen erfüllt sind und vollständige Konkurrenz herrscht, liefert das freie Spiel der Marktkräfte die bestmöglichen Ergebnisse – staatliche Eingriffe sind dann nur störend. Allerdings hat es in der Realität noch nie einen solchen Markt gegeben, und es wird ihn auch nie geben. Und die Theorie wie die Praxis zeigen: Wenn auch nur kleine Abweichungen von den Annahmen bestehen, funktioniert das Spiel von Angebot und Nachfrage bei weitem nicht mehr so effizient, im Zweifel bricht der gesamte Markt zusammen. Wann und unter welchen Umständen das auf realen Märkten der Fall ist, welche Instrumente die Politik zur Korrektur hat und wie diese wirken – all das kann man nicht mit ordnungspolitischen Grundsatzdiskussionen beantworten. Dafür braucht es eine fundierte theoretische Grundlage und verlässliche Methoden, um die Effekte in der Realität so genau wie möglich zu messen.

Sicher, viele der gängigen makroökonomischen Modelle haben große Schwächen. Die Schlussfolgerung daraus kann aber nicht sein, in Zukunft gar keine Modelle mehr zu verwenden. Die Ökonomen müssen bessere Modelle entwicklen. Zumal Anhänger der Ordnungspolitik eine Reihe der problematischen Annahmen, unter denen die Modelle der Mainstream-Makroökonomie leiden, selbst übernommen haben. Zum Beispiel das extrem fragwürdige Postulat der menschlichen Rationalität. »Die Annahme des rationalen Verhaltens ist wichtig für die ökonomische Analyse und Theoriebildung«, schreibt der überzeugte Ordnungspolitiker und IWP-Geschäftsführer Steffen Roth in seinem 2007 erschienenen Lehrbuch *»VWL für Einsteiger«*. Erst diese Rationalitätsannahme mache es möglich, »die Reaktion der Individuen auf Veränderungen der Rahmenbedingungen, die Reaktion auf veränderte Anreize« verlässlich zu prognostizieren.

Unter dem Strich gilt daher: Eine Renaissance der traditionellen Ordnungspolitik ist keine Alternative und wäre die grundfalsche Antwort der Disziplin auf die Finanz- und Wirtschaftskrise. Und so sehr es auch stimmt, dass kaum ein Mainstream-Makroökonom die Krise vorhergesagt hat – wo sind denn die Ordnungspolitiker, die früh die Misere haben kommen sehen? Und welche ordoliberalen Wirtschaftswissenschaftler in der Tradition von Walter Eucken haben in den Jahren bis 2007 eine strengere Regulierung der Bankenbranche gefordert?

Rückkehr der animalischen Instinkte

Nicht mehr ordnungspolitische Grundsatzüberlegungen braucht die moderne Volkswirtschaftslehre, sondern bessere Modelle und ein klares Verständnis von Emotionen, Normen und anderer aus Sicht von traditionellen Ökonomen »weicher« Faktoren. Denn sie bestimmen unser wirtschaftliches Verhalten oft viel stärker als rationales Kosten-Nutzen-Kalkül. Es war ein kolossaler Fehler, dass die orthodoxe VWL diese nicht-ökonomischen Phänomene in den vergangenen Jahrzehnten ausgeblendet hat.

Auch in diesem Punkt war das Fach zwischenzeitlich einmal deutlich weiter – ebenfalls dank John Maynard Keynes. In seiner *»Allgemeinen Theorie«* hatte dieser postuliert, »dass ein großer Teil unserer positiven Tätigkeiten mehr von spontanem Optimismus als von einer mathematischen Erwartung abhängt«.

Keynes hielt dieses Bauchgefühl, das er »animalische Instinkte« nannte, für eine der zentralen Triebfedern menschlichen Wirtschaftens überhaupt und für eine der wichtigsten Quellen ökonomischer Instabilität. Denn die unsichere Zukunft führe dazu, dass Wellen von Optimismus und Pessimismus entstünden. Es komme zu einem irrationalen Auf und Ab der Erwartungen. Dies führe dazu, »dass Rezessionen und Depressionen in ihrer Stärke verstärkt werden«. Im Zweifel, vermutete Keynes, investiere die Privatwirtschaft aus Angst vor der Zukunft nicht genug, um für Vollbeschäftigung zu sorgen. Auch niedrige Zinsen könnten das im Extremfall nicht ändern. Vor allem daraus leitete Keynes seine Forderung nach einer »ziemlich umfassenden gesellschaftlichen Steuerung der Investitionen« ab.

Doch die »animalischen Instinkte« waren so ziemlich das Erste, das bei der Rezeption der Keynes'schen Theorien unter den Tisch fiel. Verantwortlich dafür ist vor allem der 1989 verstorbene britische Ökonom John Hicks: 1937 – ein Jahr nach dem Erscheinen der *»Allgemeinen Theorie«* – veröffentlichte der damals 33-Jährige einen nur zwölfseitigen Aufsatz zur Interpretation der neuen Theorien. Dieser prägt das Bild von Keynes bis heute. Hicks analysierte die *»Allgemeine Theorie«* mit einem grafischen Analyseschema, das als »IS-LM«-Modell bis heute zum ökonomischen Standardlehrstoff gehört. Zusammenhänge, die im Original bei Keynes komplex und verworren erscheinen, wirken bei Hicks glasklar – nach dem Muster: Wenn die Geldmenge steigt, sinkt der Zins. Niedrigere Zinsen führen zu höheren Investitionen, diese erhöhen den Output, dadurch steigt die Beschäftigung. Ergo: laxere Geldpolitik gleich mehr Arbeitsplätze.

Aber die Vereinfachung hat ihren Preis. Hicks hat die Theorien von Keynes quasi entkernt: Die »animalischen Instinkte« und das Phänomen der Unsicherheit, das so zentral ist für die Argumentation von Keynes, fallen bei Hicks unter den Tisch. Ein »Gleichgewicht bei Unterbeschäftigung«, das Keynes für wahrscheinlich hält, ist im »IS-LM«-Modell kaum möglich. Hicks, schreibt Ökonom Gerhard Willke in seinem Buch *»John Maynard Keynes«*, habe die unorthodoxen Ideen des Briten zurück in die alte »Welt des Gleichgewichtsdenkens« geholt.

Erst im Zuge der zweiten Weltwirtschaftskrise rücken »animalische Instinkte« wieder stärker ins Blickfeld der Makroökonomen. Nicht nur hoffnungslose Außenseiter, sondern auch etablierte, gestandene Forscher wie George Akerlof und Robert Shiller fordern einen grundlegenden Kurswechsel in der modernen Makroökonomie: In den Modellen müssten auch nicht-ökonomische Motive und irrationale Verhaltensweisen ihren Platz haben, von der menschlichen Neigung zu Fairness und zu übermäßigem Optimismus dürfe nicht weiter abstrahiert werden, fordern Akerlof und Shiller in ihrem gemeinsamen Buch *»Animal Spirits«*. Sonst würden Ökonomen die wichtigsten Triebkräfte von Wirtschaftskrisen übersehen: psychologische und emotionale Faktoren, die unser wirtschaftliches Verhalten oft stärker bestimmen als rationales Kosten-Nutzen-Kalkül. Letztlich, so Akerlof und Shiller, gingen alle Wirtschaftskrisen auf psychologische Faktoren zurück.

Was folgt wirtschaftspolitisch aus der großen Bedeutung der Psychologie? Akerlofs und Shillers Schlussfolgerungen liegen nahe an denen des alten Keynes: Der Staat solle eine aktive Rolle in der Wirtschaft spielen und die durch »animalische Instinkte« verursachten Schwankungen reduzieren. Der Markt dürfe nicht sich selbst überlassen werden.

Den Kapitalismus stellt die Wirtschaftswissenschaft der Zukunft allerdings keineswegs infrage. Er hat der Menschheit einen Wohlstand beschert, der in vergangenen Jahrhunderten unvorstellbar gewesen ist. Damit die Marktwirtschaft aber ihre Wunder vollbringen kann und auf Dauer stabil ist, muss es staatliche Regeln geben. Diese Lektion hatte die Menschheit in der Großen Depression schmerzlich gelernt – und dummerweise zwischendurch wieder vergessen.

Chronologie der Ereignisse

2006

Juni

Die Trendwende auf dem US-Immobilienmarkt beginnt. Nachdem die Hauspreise über Jahre kontinuierlich und stark gestiegen sind, dreht sich der Markt: In zehn wichtigen Großstädten sind die Immobilienpreise im Juni 2006 erstmals niedriger als im Vorjahresmonat.

2007

Januar

Nouriel Roubini, Ökonomie-Professor an der New York University, warnt auf dem Weltwirtschaftsforum vor einer »harten Landung« für die Weltwirtschaft.

Februar

Die Zahlungsausfälle bei Hypothekenkrediten an die amerikanische Unterschicht (»Subprime-Hypotheken«) beginnen deutlich zu steigen.

April

2. April: Der auf Subprime-Kredite spezialisierte US-Hypothekenfinanzierer New Century Financial meldet Insolvenz an.

Mai

3. Mai: Die Schweizer Großbank UBS schließt ihren Hedge-Fonds Dillon Read, der bei Spekulationen mit Subprime-Krediten 125 Millionen US-Dollar verloren hat. Die Analysten der Investmentbank Dresdner Kleinwort kommentieren: »Eine Hedge-Fonds-Explosion, wo man sie am wenigsten erwartet hat.«

17. Mai: US-Notenbank-Chef Ben Bernanke erklärt, die Probleme auf dem Markt für Subprime-Immobilienkredite seien für den Rest der US-Wirtschaft ungefährlich.

Juni

12. Juni: Die Investmentbank Lehman Brothers legt für das zweite Quartal 2007 exzellente Geschäftszahlen vor. Der Nettogewinn der viertgrößten US-Investmentbank klettert auf 1,27 Milliarden Dollar, ein Plus von 27 Prozent im Vergleich zum Vorjahr.

14. Juni: Zwei Hedge-Fonds der Investmentbank Bear Stearns, die in den US-Immobilienmarkt investiert hatten, geraten in Zahlungsschwierigkeiten.

22. Juni: Bear Stearns versucht, seine beiden strauchelnden Hedge-Fonds mit 3,2 Milliarden US-Dollar zu retten.

Juli

9. Juli: Der Deutsche Aktienindex Dax erreicht mit 8 077 Punkten seinen vorläufigen Höchststand.

10. bis 12. Juli: Alle wichtigen Rating-Agenturen stufen verbriefte Hypothekenkredite (»Collateralized Debt Obligations«) herab.

27. Juli: Der größte US-Hypothekenfinanzierer Countrywide Financial legt sehr schlechte Zahlen für das zweite Quartal vor.

30. Juli: Die IKB Bank gibt bekannt, dass sie aufgrund von Fehlspekulationen auf dem US-Immobilienmarkt in eine existenzbedrohende Schieflage geraten ist.

31. Juli: Die Investmentbank Bear Stearns muss ihre beiden angeschlagenen Hedge-Fonds schließen. Die US-Hypothekenbank American Home Mortgage ist zahlungsunfähig.

August

9. August: Die französische Bank BNP Paribas schließt drei Investmentfonds, die in Subprime-Hypotheken investiert hatten

– mit der Begründung, es sei nicht mehr möglich, strukturierte Wertpapiere verlässlich zu bewerten. An den Finanzmärkten bricht Panik aus. Die Zinssätze für kurzfristige Kredite zwischen Banken explodieren. Die Europäische Zentralbank stellt den Geschäftsbanken unbegrenzt Liquidität zur Verfügung. Die Institute nehmen am ersten Tag 95 Milliarden Euro auf. Ein IWF-Sprecher betont, die Krise sei beherrschbar: »Die Grundlagen des starken, weltweiten Wachstums sind noch immer gegeben.«
13. August: Die Investmentbank Goldman Sachs rettet mit 3 Milliarden Dollar einen ihrer Hedge-Fonds vor dem Kollaps.
16. August: Die SachsenLB gerät wegen ihrer Tochtergesellschaft Ormond-Quay, die in Subprime-CDOs investiert hat, in Schieflage. Die Sparkassen-Finanzgruppe hilft mit Krediten über 17,3 Milliarden Euro. Aus Angst vor der Krise brechen weltweit die Aktienmärkte ein.
26. August: Notverkauf der vor dem Aus stehenden SachsenLB an die Landesbank Baden-Württemberg (LBBW).

September

14. und 15. September: Nach Zweifeln an der Zahlungsfähigkeit der Hypothekenbank Northern Rock stürmen in Großbritannien Kunden die Filialen, um ihr Geld in Sicherheit zu bringen.
18. September: Die britische Regierung gibt eine Garantieerklärung für sämtliche Spareinlagen bei Northern Rock ab. Die US-Notenbank Federal Reserve senkt zum ersten Mal seit dem Jahr 2003 den Leitzins – um 50 Basispunkte auf 4,75 Prozent. Die US-Investmentbank Bear Stearns meldet für das dritte Quartal einen Gewinneinbruch von mehr als 60 Prozent. Der Aktienkurs des Instituts kollabiert, der Börsenwert beträgt nur noch etwa das 1,2-Fache des Buchwertes.

Oktober

11. Oktober: Die Rating-Agentur Moody's stuft weitere strukturierte Hypothekenanleihen herab.
15. Oktober: Bundesbank-Vize Frank-Christoph Zeitler, für die Bankenaufsicht zuständig, sieht einen »schrittweisen Nor-

malisierungsprozess« auf den Finanzmärkten. Es gebe »Anzeichen der Zuversicht«.

18. Oktober: Die führenden deutschen Wirtschaftsforschungsinstitute und der IWF prognostizieren, dass der Aufschwung der Weltwirtschaft 2008 trotz Krise nur leicht abgeschwächt weitergeht.

24. Oktober: Die US-Investmentbank Merrill Lynch meldet, dass sie im Zuge der Krise 7,9 Milliarden Dollar abschreiben muss, 3,4 Milliarden mehr als bislang erwartet. Die Finanzmärkte reagieren geschockt, Standard & Poor's senkt das Rating.

Dezember

12. Dezember: Die Notenbanken der fünf wichtigsten Währungsräume verkünden koordinierte Maßnahmen, um den Geldmarkt zu entspannen.

27. Dezember: Die US-Investmentbank Merrill Lynch besorgt sich 6,2 Milliarden Dollar neues Kapital, davon 4,4 Milliarden Dollar bei einem Staatsfonds aus Singapur.

2008

Januar

11. Januar: Die Großbank Bank of America übernimmt für 4 Milliarden Dollar den angeschlagenen Immobilienfinanzierer Countrywide Financial.

15. Januar: Die US-Großbank Citigroup meldet, dass sie im vierten Quartal 2007 fast 10 Milliarden Dollar Verlust gemacht hat und Investments in Höhe von 18 Milliarden Dollar abschreibt.

21. Januar: Weltweit brechen die Aktienmärkte dramatisch ein. Der Dax in Frankfurt verliert an einem Tag 500 Punkte – ein Minus von fast sieben Prozent.

22. Januar: Die US-Notenbank Fed senkt die US-Leitzinsen in einer spektakulären Entscheidung außerplanmäßig um 75 Basispunkte und stoppt so vorübergehend den Kursverfall an den Börsen.

25. Januar: Betrügerische Geschäfte eines einzelnen Derivatehändlers kosten die französische Großbank Société Générale 4,9 Milliarden Euro und stürzen die Bank in ihre bislang schwerste Krise.

Februar

13. Februar: Die Bundesregierung verhindert mit einer abermaligen Kapitalspritze in Milliardenhöhe die Insolvenz der IKB Bank.
17. Februar: Die britische Hypothekenbank Northern Rock wird verstaatlicht.

März

11. März: Neue milliardenschwere Stützungsaktionen der großen Notenbanken: Die Fed stellt den Banken Liquidität in Höhe von 200 Milliarden Dollar zur Verfügung und akzeptiert als Sicherheit erstmals in größerem Umfang kaum noch verkäufliche Hypothekenanleihen. In einer koordinierten Aktion geben die EZB, die Bank von England, die Schweizerische Nationalbank und die Bank von Kanada ebenfalls neue Liquiditätshilfen für die Banken bekannt.
17. März: Die drittgrößte US-Bank J.P. Morgan Chase übernimmt die vor der Insolvenz stehende Investmentbank Bear Stearns. Um das Geschäft zu ermöglichen, übernimmt die US-Notenbank von Bear Stearns Risikopositionen in Höhe von 30 Milliarden Dollar. Zusätzlich legt die Fed ein neues Kreditprogramm auf und senkt den Diskontsatz.

Juni

5. Juni: Standard & Poor's stuft die Ratings für die beiden größten US-Anleiheversicherer (»Monoliner«) MBIA und Ambac deutlich zurück. Moody's tut am 22. Juni das Gleiche. Die Institute waren in Schieflage geraten, weil sie Garantien für mit Ramschhypotheken unterlegte, strukturierte Anleihen übernommen hatten.

Juli

2. Juli: US-Notenbank-Vize Frederic Mishkin sagt in einer Rede: »Der extreme Stress an den Finanzmärkten scheint abzuklingen. Es gibt wieder zögerliche Lebenszeichen.«
3. Juli: Die Europäische Zentralbank hebt den Leitzins um 25 Basispunkte auf 4,25 Prozent an.
11. Juli: Die US-Immobilienbank Indymac kollabiert.
13. Juli: Die US-Regierung übernimmt Garantien für die beiden größten, halbstaatlichen US-Hypothekenbanken Fannie Mae und Freddie Mac. Die Aktien beider Konzerne hatten in den Tagen zuvor zeitweise über die Hälfte ihres Börsenwerts verloren.
15. Juli: Die US-Börsenaufsicht SEC verhängt ein befristetes Verbot für ungedeckte Leerverkäufe von 19 Aktien aus der Finanzbranche. Bei ungedeckten Leerverkäufen verkaufen Anleger Aktien, die sie nicht besitzen und die sie sich auch nicht zuvor bei einer Depotbank geliehen haben. So können sie für kurze Zeit mehr Verkaufsorders platzieren, als Aktien im Umlauf sind.

September

7. September: Die angeschlagenen Hypothekenfinanzierer Fannie Mae und Freddie Mac, die in immer größere Schwierigkeiten geraten sind, werden von der US-Regierung de facto verstaatlicht.
9. September: Die Verhandlungen über eine Übernahme der angeschlagenen Investmentbank Lehman Brothers durch Südkoreas staatliche Korean Development Bank scheitern. Die Lehman-Aktie bricht an einem Tag um 46 Prozent ein.
15. September: Die Bank of America übernimmt für rund 50 Milliarden US-Dollar die angeschlagene US-Investmentbank Merrill Lynch. Für Lehman Brothers findet sich dagegen kein Käufer; die US-Notenbank und das amerikanische Finanzministerium lassen die viertgrößte amerikanische Investmentbank fallen. Das 1850 von deutschen Auswanderern gegründete Institut, das am Ende Schulden in Höhe von 613 Milliarden Dollar hat, stellt Insolvenzantrag. Wenige Stunden danach überweist die staatliche deutsche Kreditanstalt für Wiederaufbau (KfW) 300 Millionen Euro an Lehman. Die Wall Street

erlebt den schwächsten Handelstag seit sechs Jahren, vor allem Finanzwerte brechen dramatisch ein: Titel des Versicherers AIG sacken zeitweise 71 Prozent ab, nachdem US-Finanzminister Henry Paulson klarstellt, dass Staatshilfe für AIG nicht zu erwarten sei.

16. September: Ratingagenturen stufen den Versicherungskonzern AIG herab. Nachdem Notenbank und US-Regierung lange staatliche Hilfen für das Unternehmen abgelehnt hatten, kommt es am Abend zu einem drastischen Kurswechsel: Die US-Notenbank Fed sagt AIG einen Kredit von 85 Milliarden Dollar zu, ohne den der Versicherer am nächsten Tag hätte Insolvenz anmelden müssen. In den folgenden Monaten muss die amerikanische Regierung die Hilfen für AIG mehrfach aufstocken. Die Krise greift auch auf zuvor als extrem sicher geltende Anlageformen über. Beim amerikanischen Geldmarktfonds Reserve Primary sinkt der Wert der Investments unter die Einlagen der Kunden. Die Risikoprämien an den Finanzmärkten explodieren, Bankaktien befinden sich im freien Fall.

18. September: Die führenden Notenbanken pumpen mit abgestimmten Maßnahmen 160 Milliarden US-Dollar in den Markt. Die britischen Behörden verbieten Leerverkäufe von Finanzaktien. Die vor dem Kollaps stehende britische Hypothekenbank HBOS rettet sich in die Arme des Konkurrenten Lloyds TSB.

19. September: Das US-Finanzministerium spricht eine vorübergehende Garantie für Geldmarktfonds aus. Erste Details über ein 700 Milliarden Dollar teures Rettungspaket der amerikanischen Regierung für die Finanzbranche (»Troubled Asset Relief Plan«, kurz: Tarp) sickern durch, mit dem die Regierung die Finanzinstitute von schlechten Hypothekenkrediten entlasten will.

22. September: Die Bundesregierung lehnt eine Beteiligung an dem 700 Milliarden Dollar umfassenden Banken-Rettungspaket der Amerikaner ab. Die Situation in den USA sei von ihrer Schärfe her nicht mit der Lage in den anderen sechs Staaten der G7-Gruppe vergleichbar, sagt Bundesfinanzminister Peer Steinbrück.

23. September: Die letzten beiden großen Investmentbanken, Goldman Sachs und Morgan Stanley, verzichten auf ihren Sonderstatus und wandeln sich in gewöhnliche Geschäftsbanken um. Sie stehen dadurch unter strengerer Aufsicht der

Notenbank. Im Gegenzug können sie dauerhaft die Notenbank als Kreditgeber nutzen. US-Notenbank-Chef Ben Bernanke und Finanzminister Henry Paulson werben vor dem US-Kongress für ihr 700 Milliarden Dollar teures Rettungspaket »Tarp«.

25. September: Washington Mutual, die mit Kundeneinlagen in Höhe von 300 Milliarden Dollar größte Sparkasse der USA, bricht zusammen. Die US-Großbank J. P. Morgan Chase übernimmt für 1,9 Milliarden Dollar Teile des Instituts.

29. September: Mit massiven Eingriffen retten mehrere europäische Staaten vier Geldhäuser in letzter Minute vor dem Zusammenbruch. In Deutschland stützt die Bundesregierung zusammen mit einer Gruppe von Banken den Münchener Immobilienfinanzierer Hypo Real Estate (HRE) durch eine Bürgschaft über insgesamt 35 Milliarden Euro. Die britische Hypothekenbank Bradford & Bingley, die belgische Großbank Fortis und die isländische Bank Glitnir werden verstaatlicht. In den USA findet der »Tarp«-Rettungsplan der Regierung im Repräsentantenhaus überraschend keine Mehrheit. Die Ablehnung versetzt Politiker und Finanzmärkte weltweit in einen Schockzustand. Der amerikanische Aktienmarkt erlebt die größten Kursverluste seit dem Börsencrash 1987. Die angeschlagene US-Bank Wachovia wird mit staatlicher Hilfe von Citigroup übernommen.

30. September: Die irische Regierung spricht als erste eine staatliche Garantie für sämtliche Bankeinlagen bei den Instituten des Landes aus, die ein Volumen von rund 400 Milliarden Euro haben.

Oktober

3. Oktober: Im zweiten Anlauf findet das »Tarp«-Programm in beiden Kammern des amerikanischen Parlaments eine Mehrheit.

5. Oktober: Die Bundesregierung gibt eine Staatsgarantie für alle privaten Einlagen bei deutschen Banken ab.

6. Oktober: Bundesregierung und private Banken einigen sich auf ein zweites Hilfspaket für den Immobilienfinanzierer HRE, dem bis zum Jahresende 50 Milliarden Euro zur Verfügung gestellt werden sollen. Islands Regierung kündigt Notstandsgesetze an, um die angeschlagenen Banken des Landes komplett übernehmen zu können und schließt einen Staatsbankrott nicht aus. Die isländische Krone verliert innerhalb eines Tages gegenüber dem Dollar rund 23 Prozent ihres Wertes.

8. Oktober: Führende Notenbanken der Welt senken überraschend in einer konzertierten Aktion die Leitzinsen um 50 Basispunkte. Die britische Regierung verkündet ein umfassendes Rettungspaket für die Finanzbranche. Der Staat kauft für mindestens 50 Milliarden Pfund Anteile an Banken des Landes und stärkt damit deren Kapitalbasis. Zudem will die Bank of England mindestens 200 Milliarden Pfund in die Geldmärkte pumpen, um kurzfristig genügend Liquidität sicherzustellen. Die Londoner Finanzaufsicht erklärt die britischen Töchter der isländischen Institute Kaupthing und Landsbanki für zahlungsunfähig. Sie verkauft private Sparkonten mit drei Milliarden Pfund Einlagen an die niederländische Bankengruppe ING.

9. Oktober: Die zuvor verstaatlichte isländische Bank Kaupthing, die noch kurz vorher aggressiv in Deutschland um Spareinlagen geworben hatte, friert die Konten ihrer Kunden ein. Die isländische Regierung teilt zur Empörung des britischen Schatzkanzlers Alistair Darling mit, sie werde ihren Verpflichtungen zur Entschädigung der Sparer nicht nachkommen. Darling kündigt daraufhin rechtliche Schritte an und nutzt ein Anti-Terror-Gesetz, um vier Milliarden Pfund an britischem Vermögen der Landsbanki einzufrieren.

10. Oktober: Die New Yorker Wall Street beendet eine der schwärzesten Wochen ihrer Geschichte. Am letzten Handelstag der Woche bricht der Dow Jones-Index in den ersten Handelsminuten um mehr als sieben Prozent ein. Unter Börsenhändlern herrscht blanke Verzweiflung: »Es ist eine Katastrophe. Alles ist viel schlimmer, als wir gedacht haben«, kommentiert ein Broker.

11. Oktober: Die Finanzminister und Notenbankchefs der sieben wichtigsten Industrienationen der Welt (»G7-Staaten«) verständigen sich in Washington auf einen Fünf-Punkte-Plan im Kampf gegen die Krise. Experten reagieren mit Skepsis, da der Plan nur vage gemeinsame Ziele definiert.

12. Oktober: Die Staats- und Regierungschefs der Mitgliedsstaaten der Euro-Zone treffen sich in Paris zu einem Krisengipfel. Sie einigen sich darauf, Banken Staatsgarantien zu gewähren und auch Staatsbeteiligungen an Kreditinstituten zu erlauben.

13. Oktober: Die wichtigsten Zentralbanken der Welt erklären, dass sie gemeinsam den Finanzmärkten unbegrenzt US-Dollar zur Verfügung stellen. Die Bundesregierung entscheidet, einen »Finanzmarktstabilisierungsfonds« aufzulegen. Nach den ersten Plänen soll dieser mit 500 Milliarden Euro gefüllt sein. Bis zu 400 Milliarden Euro sind für Kreditbürgschaften, bis zu 80 Milliarden Euro für direkte Staatsbeteiligungen an Banken gedacht. Die US-Regierung gibt den Plan, den Banken faule Kredite abzukaufen, auf. Stattdessen entscheidet die amerikanische Regierung, für 250 Milliarden Dollar Aktien von Finanzinstituten zu kaufen, um diese mit neuem Kapital auszustatten. Die Börsen reagieren euphorisch: Dax und Dow Jones schießen um jeweils mehr als 11 Prozent in die Höhe.
14. Oktober: Die Bilanzierungsvorschriften für Banken werden gelockert.
17. Oktober: Bundespräsident Horst Köhler unterzeichnet das Gesetzespaket zur Banken-Rettung, das innerhalb von nur fünf Tagen durch alle parlamentarischen Verfahren gepaukt wurde.
21. Oktober: Die Bayerische Landesbank muss als erstes deutsches Kreditinstitut das Rettungspaket des Bundes in Anspruch nehmen. Das Institut will Finanzhilfen des Bundes über 5,4 Milliarden Euro beantragen.
28. Oktober: Die EU und der IWF sichern Ungarn Hilfe in Milliardenhöhe zu, um den Staatsbankrott des Landes abzuwenden.

November

3. November: Die Commerzbank beantragt eine Eigenkapitalspritze in Höhe von 8,2 Milliarden Euro aus dem staatlichen Rettungspaket. Zudem soll der Staat für Schuldpapiere im Wert von 15 Milliarden Euro garantieren. Damit will sich das zweitgrößte deutsche Geldhaus für die Fusion mit der Dresdner Bank wappnen.
5. November: Das Bundeskabinett bringt ein erstes Konjunkturpaket auf den Weg. Bund, Länder und Gemeinden sollen 2009 und 2010 zwölf Milliarden Euro in die Hand nehmen. Zusammen mit bereits beschlossenen Entlastungen der Großen Koalition stützt der Staat die Konjunktur mit 32 Milliarden Euro.

15. November: Die Staats- und Regierungschefs der 20 führenden Wirtschaftsmächte (G20) treffen sich in Washington zu einem Finanzgipfel und einigen sich auf einen knapp 50 Punkte umfassenden Aktionsplan.
16. November: Der hessische Ministerpräsident Roland Koch (CDU) fordert einen staatlichen Schutzschirm für die Autoindustrie. Bund und Länder müssten daran gemeinsam mitwirken.
19. November: Wie dramatisch die Finanzkrise auf die Realwirtschaft übergreift, zeigt eine Meldung von BASF: Der größte Chemiekonzern der Welt kündigt an, seine globale Produktion vorübergehend um 20 bis 25 Prozent zurückzufahren. Weltweit sollen 80 Anlagen komplett außer Betrieb gehen, in weiteren 100 Anlagen will das Unternehmen die Produktion drosseln.
20. November: Das vom Staatsbankrott bedrohte Island erhält vom IWF und europäischen Ländern 10,2 Milliarden Dollar an Finanzhilfen.
24. November: Nach fieberhaften Verhandlungen rettet die US-Regierung die Großbank Citigroup. Das Institut erhält weitere Kapitalspritzen über 20 Milliarden Dollar sowie eine staatliche Bürgschaft für riskante Kreditpapiere im Volumen von mehr als 300 Milliarden Dollar. Der künftige US-Präsident Barack Obama lässt durchscheinen, dass er ein riesiges Konjunkturprogramm plant – in Höhe von bis zu 700 Milliarden Dollar.
25. November: Die US-Notenbank Federal Reserve kündigt an, mit neuen Programmen im Gesamtvolumen von über 800 Milliarden Dollar die stockende Vergabe von Konsum- und Immobilienkrediten anzukurbeln.
28. November: Der britische Staat wird Mehrheitseigner bei der Royal Bank of Scotland (RBS). Nachdem die angeschlagene Großbank für eine Kapitalerhöhung von 15 Milliarden Pfund keine privaten Investoren fand, kauft der Staat die Aktien. Die RBS ist damit zu 58 Prozent in Staatsbesitz.

Dezember

11. Dezember: Der einflussreiche Wall-Street-Manager Bernard Madoff wird in New York festgenommen. Er hat über Jahre ein gigantisches Schneeball-System betrieben und Investoren

um 65 Milliarden Dollar betrogen. Der Betrug fliegt auf, als in der Krise viele Anleger ihr Geld abziehen wollen.
16. Dezember: Die US-Notenbank Federal Reserve senkt den Leitzins auf nahezu null Prozent. Damit hat die klassische Geldpolitik ihr Pulver verschossen.
19. Dezember: US-Präsident George Bush kündigt an, den schwer angeschlagenen Automobilkonzernen General Motors, Chrysler und Ford Kredite über mehr als 17 Milliarden Dollar zu gewähren.

2009

Januar

8. Januar: Erstmals seit Ausbruch der Finanzkrise kauft sich der deutsche Staat direkt bei einer Großbank ein. Der Bund stützt die Commerzbank mit insgesamt 18,2 Milliarden Euro und wird mit einem Anteil von 25 Prozent plus einer Aktie größter Aktionär des Instituts.

Die Rezession kommt auf dem deutschen Arbeitsmarkt an. Die Zahl der Arbeitslosen ist im Dezember gut dreimal so stark wie in den Vorjahren gestiegen, meldet die Bundesagentur für Arbeit. Damit geht der drei Jahre laufende Beschäftigungsaufbau zu Ende.
13. Januar: Die Bundesregierung beschließt ein zweites Konjunkturpaket mit einem Volumen von rund 50 Milliarden Euro. Neben höheren Staatsausgaben und Steuersenkungen ist ein »Rettungsschirm für die Realwirtschaft« geplant. Mit 115 Milliarden Euro für Bürgschaften und Kredite will der Staat Not leidenden Firmen helfen.
16. Januar: Die Bank of America, die zuvor schon 25 Milliarden Dollar aus dem Rettungspaket der US-Regierung erhalten hat, bekommt weitere 20 Milliarden Dollar Staatshilfe, um die hohen Verluste der 2008 übernommenen Investmentbank Merrill Lynch auffangen zu können. Zudem übernimmt die Regierung Garantien für bis zu 118 Milliarden Dollar aus problematischen Anlagen.
19. Januar: Die Royal Bank of Scotland hat nach einer ersten Schätzung 2008 einen Verlust von 28 Milliarden Pfund gemacht – der größte Verlust in der britischen Unternehmensgeschichte.

Die Aktie des einst zweitgrößten britischen Geldhauses verliert an einem einzigen Tag rund 65 Prozent ihres Börsenwerts. Der IWF veröffentlicht eine neue Konjunkturprognose, laut der Deutschland wegen seiner Exportabhängigkeit so hart wie kaum ein anderes Land in Europa von der Weltwirtschaftskrise betroffen ist.

Februar

10. Februar: Die neue US-Regierung unter Präsident Barack Obama präsentiert Pläne für ein weiteres Rettungspaket für die Finanzbranche. Ein Kernelement soll ein durch Staatsgelder und private Investoren finanzierter Fonds sein, der wie eine »Bad Bank« Geldinstitute von faulen Krediten und Ramschpapieren entlasten soll. Zu Beginn soll der Fonds einen Umfang von 500 Milliarden Dollar haben und später auf 2 000 Milliarden Dollar anwachsen.
14. Februar: Mit knapper Mehrheit verabschiedet der US-Kongress das mit 787 Milliarden Dollar größte Konjunkturpaket der Geschichte.
27. Februar: Die US-Regierung stockt ihre Anteile an der stark angeschlagenen Großbank Citigroup massiv auf – von acht auf 36 Prozent.

März

2. März: Der US-Versicherungskonzern AIG meldet für 2008 ein Minus von knapp 100 Milliarden Dollar, der höchste Verlust eines Unternehmens in der US-Geschichte. Nur weiteres Staatskapital in Höhe von 30 Milliarden Dollar bewahrt den ehemals größten Versicherer der Welt vor dem Kollaps. Die britische Großbank HSBC ist wegen hoher Verluste im US-Geschäft zur größten Kapitalerhöhung in der britischen Finanzgeschichte gezwungen und braucht 12,5 Milliarden Pfund.
5. März: Als erste westliche Notenbank kündigt die Bank of England an, im großen Stil die Geldmenge durch den Kauf von Wertpapieren auszuweiten. Die britische Notenbank will für 75 Milliarden Pfund private und staatliche Anleihen kaufen.
6. März: Der Deutsche Aktienindex Dax erreicht bei 3 666 Punkten seinen vorläufigen Tiefstand. Seit Beginn der Krise im Som-

mer 2007 hat der deutsche Aktienmarkt 54 Prozent an Wert verloren.
18. März: Die US-Notenbank kündigt an, für 1,1 Billionen US-Dollar Wertpapiere zu kaufen. Mit dieser Strategie der »quantitativen Lockerung« weitet die Fed die Geldmenge drastisch aus. Unter anderem will die Notenbank länger laufende US-Staatsanleihen über insgesamt 300 Milliarden Dollar aufkaufen.
23. März: Die US-Regierung präzisiert das am 10. Februar vorgestellte neue Rettungspaket zur Gründung einer »Bad Bank«, die die Banken von toxischen Wertpapieren im Wert von bis zu einer Billion Dollar befreien will. Die Weltbörsen reagieren mit kräftigen Kursgewinnen auf die Pläne.
31. März: Die OECD erwartet auch für 2010 keine durchgreifende Erholung der Weltkonjunktur. In den wichtigsten Industriestaaten der Welt werde die Wirtschaftsleistung 2009 um 4,3 Prozent einbrechen und im Folgejahr stagnieren.

April

1. und 2. April: Die 20 wichtigsten Industrie- und Schwellenländer der Welt treffen sich in London zum Weltfinanzgipfel. Sie einigen sich auf die größte Reform des Weltfinanzsystems seit dem zweiten Weltkrieg und wollen die Weltwirtschaft mit weiteren 1,1 Billionen Dollar stützen.
14. April: Die Investmentbank Goldman Sachs legt für das erste Quartal 2009 überraschend gute Zahlen vor. Der Gewinn stieg im Vergleich zum Vorjahr um 13 Prozent auf fast 1,7 Milliarden Dollar.
23. April: Die führenden Wirtschaftsforschungsinstitute prognostizieren für die deutsche Wirtschaft einen historisch einmaligen Konjunktureinbruch: 2009 werde die Wirtschaftsleistung um sechs Prozent schrumpfen, 2010 gehe sie abermals um 0,5 Prozent zurück.
30. April: Der drittgrößte US-Autohersteller Chrysler geht in die Insolvenz.

Mai

7. Mai: Die US-Regierung veröffentlicht die Ergebnisse des Stresstests, dem sie die größten Banken unterzogen hat. Die Geldhäuser brauchen deutlich weniger neues Geld als erwartet. Die Weltbörsen reagieren mit starken Kursgewinnen auf diese Nachricht.

10. Mai: Das »*Wall Street Journal*« meldet, die US-Notenbank habe die Ergebnisse der Banken-Stresstests vor der Veröffentlichung massiv geschönt. Allein im Fall der teilverstaatlichten Citigroup soll der erforderliche Kapitalbedarf nicht wie zunächst veröffentlicht 5,5 Milliarden Dollar betragen, sondern 35 Milliarden Dollar.

14. Mai: Die Bundesregierung ist bereit, den zum angeschlagenen US-Konzern General Motors gehörenden Autobauer Opel notfalls eine Zeitlang mit Staatshilfe über Wasser zu halten, bis ein Investor gefunden ist. Der angeschlagene Handelskonzern Arcandor fordert staatliche Kreditgarantien in Höhe von 650 Millionen Euro.

15. Mai: Die Wirtschaftsleistung in Deutschland ist im ersten Quartal 2009 zum vierten Mal in Folge geschrumpft. Mit minus 3,8 Prozent im Vergleich zum Vorquartal war der Einbruch so groß wie nie zuvor. Die Exporte sind um zehn Prozent zurückgegangen.

21. Mai: Die EU-Kommission will die europäische Finanzaufsicht als Reaktion auf die Krise deutlich ausbauen. Drei neue EU-Aufsichtsagenturen für Banken, Versicherungen und Wertpapiermärkte sollen künftig Rating-Agenturen und den Handel mit Kreditderivaten direkt beaufsichtigen.

27. Mai: Der Deutsche Aktienindex Dax schließt erstmals seit Jahresbeginn wieder bei mehr als 5 000 Punkten. Seit März hat er damit rund 36 Prozent an Wert zugelegt.

29. und 30. Mai: In einer zermürbenden Nachtsitzung einigen sich Bund, Länder sowie der Opel-Mutterkonzern General Motors auf ein Rettungskonzept für Opel. Opel erhält einen staatlichen Überbrückungskredit in Höhe von 1,5 Milliarden Euro.

Juni

1. Juni: Der US-Automobilhersteller General Motors meldet Insolvenz an.

8. Juni: Die Rating-Agentur Standard & Poor's stuft zum zweiten Mal innerhalb von drei Monaten die Bonitätsnote für Irland herab und warnt schon vor der nächsten Herabstufung. Die Kosten für die Sanierung der Banken drohen die Staatsverschuldung Irlands von 40 Prozent des BIP vor der Krise auf mehr als 100 Prozent in die Höhe zu treiben.

9. Juni: Der Einzelhandelskonzern Arcandor, der die Karstadt-Warenhäuser betreibt, stellt Insolvenzantrag. Zuvor hat die Bundesregierung Staatshilfen für das Unternehmen abgelehnt.

17. Juni: US-Präsident Barack Obama präsentiert Pläne für einen tiefgreifenden Umbau der Finanzaufsicht. Die US-Notenbank Fed soll künftig alle Großbanken beaufsichtigen und für die Stabilität des gesamten Finanzsystems verantwortlich sein.

29. Juni: Die Bank für Internationalen Zahlungsausgleich warnt vor überzogenem Optimismus. Die Finanzkrise sei noch lange nicht vorbei, betont das Institut in seinem Jahresbericht. Bernard Madoff, der Investoren mit einem gigantischen Schneeballsystem um bis zu 65 Milliarden Dollar gebracht hat, wird in New York zu 150 Jahren Gefängnis verurteilt.

Juli

2. Juli: Die Arbeitslosenquote in den USA steigt auf 9,5 Prozent und erreicht den höchsten Stand seit 26 Jahren. Seit Ausbruch der Finanzkrise im Jahr 2007 sind in der amerikanischen Privatwirtschaft unter dem Strich 6,4 Millionen Jobs verloren gegangen. Die Rating-Agentur Fitch senkt das Rating für die Kölner Privatbank Sal. Oppenheim, die zuvor den höchsten Verlust in ihrer Nachkriegsgeschichte erlitten hat. Fitch droht zudem mit einer weiteren Herabstufung, wenn das Institut nicht erfolgreich Risiken reduziere und das Kapital erhöhe.

3. Juli: Der Bundestag beschließt ein Gesetz zur Schaffung von »Bad Banks«, die es Geldinstituten ermöglichen sollen, faule Kredite aus ihren Bilanzen auszulagern. In ihren Bilanzen schlummern nach Regierungsschätzungen toxische Wertpapiere im Volumen von bis zu 230 Milliarden Euro.

14. Juli: Bundesfinanzminister Peer Steinbrück (SPD) appelliert in einem Brandbrief an die deutschen Banken, die Wirtschaft ausreichend mit Krediten zu versorgen.

17. Juli: Nach Goldman Sachs und J. P. Morgan Chase legen auch die Bank of America und die Citigroup überraschend gute Geschäftszahlen für das zweite Quartal 2009 vor – Grund dafür sind Sondereffekte und gelockerte Bilanzierungsvorschriften.

20. Juli: Der führende US-Mittelstandsfinanzierer CIT kann in letzter Minute die Insolvenz abwenden. Eine Gläubigergruppe stellt der Bank mehr als drei Milliarden Euro neues Kapital zur Verfügung.
24. Juli: Die Stimmung in der deutschen Wirtschaft hellt sich auf. Der Ifo-Index, einer der wichtigsten Konjunkturindikatoren, ist im Juli zum vierten Mal in Folge gestiegen.
27. Juli: Die Kreditvergabe der Banken an Unternehmen im Euro-Raum ist im Juni erneut kräftig gesunken, meldet die Europäische Zentralbank (EZB). Gegenüber dem Vormonat schrumpfte der Kreditbestand um 0,7 Prozent. Das ist der größte monatliche Rückgang seit Einführung dieser Statistik im Jahr 2003.
28. Juli: Das Investment-Banking hat der Deutschen Bank im zweiten Quartal 1,1 Milliarden Euro Gewinn eingebracht. Deutschlands größte Bank bereitet sich aber auf massive Kreditausfälle vor und erhöht die Vorsorge dafür auf eine Milliarde Euro.

Literatur

Akerlof, George und Robert Shiller (2009): »Animal Spirits«, Princeton University Press, Princeton und Oxford.

Baldwin, Richard und Frederic Robert-Nicoud (2007): »Entry and Asymmetric Lobbying: Why Governments Pick Losers«, in: Journal of the European Economic Association, 5. Jahrgang, Heft 5, S. 1064–1093.

Bank für Internationalen Zahlungsausgleich (1932): 2. Jahresbericht, Basel.

Bank für Internationalen Zahlungsausgleich (1934): 4. Jahresbericht, Basel.

Bank für Internationalen Zahlungsausgleich (2008): 78. Jahresbericht, Basel.

Bank für Internationalen Zahlungsausgleich (2009): 79. Jahresbericht, Basel.

Barro, Robert (2009): »Government Spending Is No Free Lunch«, in: Wall Street Journal, 22. Januar 2009.

Bernanke, Ben (1983): »Non-Monetary Effects of the Financial Crisis in the Propagation of the Great Depression«, in: American Economic Review, 73. Jahrgang, Heft 3, S. 257–276.

Bernanke, Ben (2004): »The Great Moderation«, Rede auf der Tagung der Eastern Economic Association, Washington D. C., 20. Februar 2004.

Bernanke, Ben (2005): »The Global Savings Glut and the U. S. Current Account Deficit«, Rede vor der Virginia Association of Economics, Richmond, Virginia, 14. April 2005.

Bernanke, Ben (2007): »Financial Regulation and the Invisible Hand«, Rede an der New York University Law School, 11. April 2007.

Bernanke, Ben (2007): »The Subprime Mortgage Market«, Rede auf der 43. Konferenz der Federal Reserve Bank of Chicago, Chicago, 17. Mai 2007.

Bernanke, Ben (2007): »The Recent Financial Turmoil and its Economic and Policy Consequences«, Rede vor dem Economic Club of New York, New York, 15. Oktober 2007.

Birch, David (1987): »Job Creation in America: How Our Smallest Companies Put the Most People to Work«, Free Press, New York.

Blanchard, Olivier und Roberto Perotti (2002): »An Empirical Characterization of the Dynamic Effects of Changes in Government Spending and Taxes on Output«, in: Quarterly Journal of Economics, 117. Jahrgang, Heft 4, S. 1329–1368.

Buiter, Willem (2009): »The Unfortunate Uselessness of most ›State of the Art‹ Academic Monetary Economics«, online verfügbar unter http://blogs.ft.com/maverecon/

Brunnermeier, Markus (2009): »Deciphering the Liquidity and Credit Crunch 2007–2008«, in: Journal of Economic Perspectives, 23. Jahrgang, Heft 1, S. 77–100.

Brunnermeier, Markus, Andrew Crocket, Charles Goodhart, Avinash Persaud und Hyun Shin (2009): »The Fundamental Principles of Financial Regulation«, Geneva Reports on the World Economy 11.

Bush, George W. (2002): »Remarks by the President on Homeownership«, Rede vor dem Department of Housing and Urban Development, Washington, D.C. 18. Juni 2002.

Caballero, Ricardo, Takeo Hoshi und Anil K. Kashyap (2008): »Zombie Lending and Depressed Restructuring in Japan«, in: American Economic Review, 98. Jahrgang, Heft 5, S. 1943–1977.

Calomiris, Charles (2007): »Bank Failures in Theory and History: The Great Depression and Other ›Contagious‹ Events«, National Bureau of Economic Research, Arbeitspapier Nr. 13597.

Calomiris, Charles (2008): »The Subprime Turmoil: What s Old, What s New, and What s Next«, Arbeitspapier für das Symposium »Maintaining Stability in a Changing Financial System« der Federal Reserve Bank of Kansas City in Jackson Hole.

Carlson, Mark, Thomas King und Kurt Lewis (2008): »Distress in the Financial Sector and Economic Activity«, Board of Governors of the Federal Reserve System, Finance and Economics Discussion Series, Arbeitspapier Nr. 2008-43.

Carlson, Mark und Kris James Mitchener (2009): »Branch Banking as a Device for Discipline: Competition and Bank Survivorship during the Great Depression«, in: Journal of Political Economy, 117. Jg., Heft 2, S. 165–210.

Cerra, Valerie und Sweta Chaman Saxena (2008): »Growth Dynamics: The Myth of Economic Recovery«, in: American Economic Review, 98. Jahrgang, Heft 1, S. 439–457.

Choi, James, David Laibson und Brigitte Madrian (2009): »Why Does the Law of One Price Fail? An Experiment on Index Mutual Funds«, Arbeitspapier.

Claessens, Stijn, M. Ayhan Kose und Marco Terrones (2008): »What Happens During Recessions, Crunches, and Busts?«, Internationaler Währungsfonds, Arbeitspapier Nr. 08/274.

Coval, Joshua, Jakub Jurek und Erik Stafford (2009): »The Economics of Structured Finance«, in: Journal of Economic Perspectives, 23. Jahrgang, Heft 1, S. 3–25.

De Larosière, Jacques u. a. (2009): »The High-Level Group On Financial Supervision in the EU: Report«, Brüssel.
Dell'Ariccia, Giovanni, Deniz Igan und Luc Laeven (2008): »Credit Booms and Lending Standards: Evidence from the Subprime Mortgage Market«, IMF Working Paper 08–106.
Deutsche Bundesbank (2009): »Die Banknotennachfrage während der Finanzkrise«, in: Monatsbericht Juli 2009, S. 56–57.
Dickinson, Eric (2008): »Credit Default Swaps: So Dear To Us, So Dangerous«, Arbeitspapier.
Erceg, Christopher u. a. (2002): »Preventing Deflation: Lessons from Japan's Experience in the 1990s«, Board of Governors of the Federal Reserve Ssytem, International Finance Discussions Papers, Nr. 729.
Eggertsson, Gauti (2008): »Great Expectations and the End of the Depression«, in: American Economic Review, 98. Jahrgang, Heft 4, S. 1476–1516.
Erdmann, Karl Dietrich (1972): »Gebhard Handbuch der deutschen Geschichte, Band 19: Die Weimarer Republik«, Klett Verlag, Stuttgart.
Eichengreen, Barry (2008): »The Content of Coordination«, in: »Rescuing our Jobs and Savings: What G7/8 Leaders Can Do To Solve the Global Credit Crisis«, hrsg. von Barry Eichengreen und Richard Baldwin, A VoxEU.org Publication, Center for Economic Policy Research, London.
Eichengreen, Barry und Kevin O Rourke (2009): »A Tale of Two Depressions«, Arbeitspapier.
Eucken, Walter (1946): »Über die Gesamtrichtung der Wirtschaftspolitik«, in: Oswalt, Walter (1999): »Walter Eucken – Ordungspolitik«, Lit Verlag, Münster.
Eucken, Walter (1952): »Grundzüge der Wirtschaftspolitik«, Mohr Verlag, Tübingen.
Feldstein, Martin (2009): »Rethinking the Role of Fiscal Policy«, in: American Economic Review, 99. Jahrgang, Heft 2, S. 556–559.
Friedman, Milton (1962): »Capitalism and Freedom«, University of Chicago Press, Chicago.
Friedman, Milton (1971): »Den Kampf um die Freiheit immer wieder gewinnen«, in: Frankfurter Allgemeine Zeitung, 19. September 1971.
Friedman, Milton und Anna Schwartz (1965): »The Great Contraction 1929–1933«, Princeton University Press, Princeton.
Galbraith, James K. (2008): »Das Scheitern des Monetarismus – Von den Theorien Milton Friedmans zur Weltfinanzkrise«, in: Blätter für deutsche und Internationale Politik, Nr. 9, S. 69–80.
Galbraith, John Kenneth (1954): »The Great Crash 1929«, New York.

Galí, Jordi (2005): »Modern Perspectives on Fiscal Stabilization Policies«, in: CESifo Economic Studies, 51. Jahrgang, Heft 4, S. 587–599.

Galí, Jordi, David López-Salido und Javier Vallés (2007): »Understanding the Effects of Government Spending on Consumption«, in: Journal of the European Economic Association, 5. Jahrgang, Heft 1, S. 227–270.

Gerardi, Kristopher, Andreas Lehnert, Paul Willen und Shane Sherland (2009): »Making Sense of the Subprime Crisis«, Federal Reserve Bank of Atlanta Working Paper No. 2009-2, erscheint in: Brookings Paper of Economic Activity.

Gerardi, Kristopher, Lorenz Goette und Stephan Meier (2009): »Financial Literacy and Mortgage Outcomes«, Vortrag auf der Jahrestagung der American Economic Association, 5. Januar 2009, San Francisco.

Gibson, Michael (2007): »Credit Derivatives and Risk Management«, Finance and Economics Discussions Series, Divisions of Research & Statistics and Monetary Affairs, Federal Reserve Board, Washington D. C., Discussion Paper Nr. 2007-47.

Greenspan, Alan (2005): »Reflections on Central Banking«, Rede auf dem Symposium der Federal Reserve Bank of Kansas City, Jackson Hole, Wyoming, 26. August 2005.

Greenspan, Alan (2005): »Closing Remarks«, Rede auf dem Symposium der Federal Reserve Bank of Kansas City, Jackson Hole, Wyoming, 27. August 2005.

Greenspan, Alan (2007): »The Age of Turbulence«, Penguin Press, New York.

Greenspan, Alan (2009): »The Fed Didn t Cause the Housing Bubble«, in: Wall Street Journal, 11. März 2009.

Guiso, Luigi und Marco Pagano (2008): »A proposal to tackle the crisis in Europe«, in: »Rescuing our Jobs and Savings: What G7/8 Leaders Can Do To Solve the Global Credit Crisis«, hrsg. von Barry Eichengreen und Richard Baldwin, A VoxEU.org Publication, Center for Economic Policy Research, London.

Haberler, Gottfried (1976): »Die Weltwirtschaft und das internationale Währungssystem in der Zeit zwischen den beiden Weltkriegen«, in: »Währung und Wirtschaft in Deutschland 1876–1975«, Hrsg.: Deutsche Bundesbank, Frankfurt am Main, S. 205–248.

Hank, Rainer (2009): »Der amerikanische Virus«, Blessing Verlag, München.

Hellwig, Martin (2008): »Systemic Risk in the Financial Sector: An Analysis of the Subprime-Mortgage Financial Crisis«, Preprints of the Max Planck Institute for Research on Collective Goods, 2008/43.

Internationaler Währungsfonds (2009): »The State of Public Finances: Outlook and Medium-Term Policies After the 2008 Crisis«, Arbeitspapier des Fiscal Affairs Departments des IWF.

Irmler, Heinrich (1976): »Bankenkrise und Vollbeschäftigungspolitik (1931–1936)«, in: »Währung und Wirtschaft in Deutschland 1876–1975, Hrsg.: Deutsche Bundesbank, Frankfurt am Main, S. 283–329.

Joint Forum (2005): »Credit Risk Transfer«, Bericht für das Forum Finanzmarktstabilität.

Keynes, John Maynard (1936): »Allgemeine Theorie der Beschäftigung, des Zinses und des Geldes«, Duncker & Humblot, Berlin.

Keys, Benjamin, Tanmoy Mukherjee, Amit Seru und Vikrant Vig (2008): »Did Securitization Lead to Lax Screening? Evidence From Subprime Loans«, Arbeitspapier.

Kregel, Jan (2008): »Minsky's Cushions of Safety – Systemic Risk and the Crisis in the U. S. Subprime Mortgage Market«, The Levy Economics Institute of Bard College, Public Policy Brief Nr. 93/2008.

Krugman, Paul (2007): »Who Was Milton Friedman?«, in: New York Review of Books, 54. Jahrgang, Heft Nr. 2.

Laeven, Luc und Fabian Valencia (2008): »Systemic Banking Crises: A New Database«, Internationaler Währungsfonds, Arbeitspapier Nr. 08/224.

Leigh, Daniel und Sven Jari Stehn (2009): »Fiscal and Monetary Policy During Downturns: Evidence from the G7«, Internationaler Währungsfonds, Arbeitspapier Nr. 09/50.

Lux, Thomas u. a. (2009): »The Financial Crisis and the Systemic Failure of Academic Economics«, Kieler Institut für Weltwirtschaft, Kiel Working Paper Nr. 1489.

Mankiw, Gregory und Mark Taylor (2008): »Grundzüge der Volkswirtschaftslehre«, Schäffer-Poeschel Verlag, Stuttgart.

Mankiw, Gregory (2008): »What Would Keynes Have done?«, in: New York Times, 28. November 2008.

Masciandaro, Donato, Maria Nieto und Marc Quintyn (2009): »Will They Sing the Same Tune? Measuring Convergence in the new European System of Financial Supervisors«, Internationaler Währungsfonds, Arbeitspapier Nr. 09/142.

Mian, Atif, Amir Sufi und Francesco Trebbi (2008): »The Political Economy of the U. S. Mortgage Default Crisis«, National Bureau of Economic Research, Arbeitspapier Nr. 14468.

Mishkin, Frederic (2008): »Global Financial Turmoil and the World Economy«, Rede vor dem Caesarea Forum des Israel Democracy Institute, Eliat, Israel, 2. Juli 2008.

Mizen, Paul (2008): »The Credit Crunch of 2007–2008: A Discussion of the Background, Market Reactions, and Policy Responses«, Federal Reserve Bank of St. Louis Review, 90. Jahrgang, Heft 5, S. 531–567.

Neumark, David, Brandon Wall und Junfu Zhang (2008); »Do Small Businesses Create More Jobs? New Evidence for the United States from the National Establishment Time Series«, Institut zur Zukunft der Arbeit (IZA), Discussion Paper Nr. 3888.

Philippon, Thomas und Ariell Reshef (2009): »Wages and Human Capital in the U.S. Financial Industry: 1909–2006«, National Bureau of Economic Research, Working Paper Nr. 14644.

Pribram, Karl (1983): »Geschichte des Ökonomischen Denkens«, Band 2, Suhrkamp Verlag, Frankfurt.

Romer, Christina (2009): »Lessons from the Great Depression for Economic Recovery in 2009«, Vortrag vor der Brookings Institution Washington D.C., 9. März 2009.

Roth, Steffen (2007): »VWL für Einsteiger«, Verlag Lucius & Lucius, Stuttgart.

Samuelson, Paul und William Nordhaus (1995): »Economics«, 15. Auflage, New York.

Shiller, Robert (2008): »The Subprime Solution«, Princeton University Press, Princeton und Oxford.

Shin, Hyun Song (2009): »Securitisation and Financial Stability«, in: Economic Journal, 119. Jahrgang, Heft 3, S. 309–332.

Shleifer, Andrei (2009): »The Age of Milton Friedman«, in: Journal of Economic Literature, 47. Jahrgang, Heft 1, S. 123–135.

Sy, Amadou (2009): »The Systemic Regulation of Credit Rating Agencies and Rated Marktes«, Internationaler Währungsfonds, Arbeitspapier Nr. 09/129.

Taylor, John (2007): »Housing and Monetary Policy«, National Bureau of Economic Research, Working Paper Nr. 13682.

Taylor, John (2009): »The Financial Crisis and the Policy Responses: An Empirical Analysis of What Went Wrong«, National Bureau of Economic Research, Arbeitspapier Nr. 14631.

Wieland, Volker (2009): »Jenseits des Zinses – die neue Geldpolitik«, in: Frankfurter Allgemeine Zeitung, 8. Mai 2009.

Willke, Gerhard (2003): »John Maynard Keynes«, Campus Verlag, Frankfurt.

Williams, John (1948): »An Appraisal of Keynesian Economics«, in: American Economic Review, 38. Jahrgang, Heft 2, S. 273–290.

Wissenschaftlicher Beirat beim Bundesministerium für Wirtschaft und Technologie (2008): »Zur Begrenzung der Staatsverschuldung nach Art. 115 GG und zur Aufgabe des Stabilitäts- und Wachstumsgesetzes«, Gutachten Nr. 01/08.

Yellen, Janet (2009): »U. S. Monetary Policy Objectives in the Short and Long Run«, Vortrag auf dem Andrew Brimmer Policy Forum, IBEFA/ASSA Meeting, San Francisco, 4. Januar 2009.

Yeung, Bernard, Kathy Fogel und Randall Morck (2007): »Big Business Stability and Economic Growth: Is what's good for General Motors good for America?«, erscheint in: Journal of Financial Economics.

Yeung, Bernard, Kathy Fogel und Randall Morck (2007): »Big Business Stability and Social Welfare«, Arbeitspapier.

Der Verfasser

Olaf Storbeck berichtet als »International Economics Correspondent« für das *»Handelsblatt«* über aktuelle Forschung aus der Volks- und Betriebswirtschaftslehre. Er wurde 1974 in Gelsenkirchen geboren, aufgewachsen ist er in Gladbeck. Zwischen 1995 und 2000 studierte er Volkswirtschaftslehre an der Universität zu Köln, parallel dazu besuchte er die Kölner Journalistenschule für Politik und Wirtschaft. Während des Studiums schrieb er u. a. für *»Die Welt«*, *»Capital«*, *»Die Zeit«* und den *»Spiegel«*. Seit Januar 2001 ist er Redakteur beim Handelsblatt in Düsseldorf. Zuerst schrieb er über Internet-Unternehmen, dann über Konjunktur und Wirtschaftspolitik. Seit November 2005 ist er für die Wissenschaftsberichterstattung über Forschung aus der VWL und BWL verantwortlich. Gemeinsam mit Norbert Häring schrieb Storbeck 2007 das Buch *»Ökonomie 2.0 – 99 überraschende Erkenntnisse«*, das der Literaturdienstleister getAbstract als bestes deutsches Wirtschaftsbuch des Jahres auszeichnete.

Sachregister